경희 고대사 · 고고학 연구총서 5

시베리아
고아시아족
신화론

곽진석 지음

경희 고대사 · 고고학 연구총서 5

시베리아 고아시아족 신화론

저   자 | 곽진석
펴낸이 | 최병식
펴낸날 | 2021년 10월 5일
펴낸곳 | 주류성출판사 www.juluesung.co.kr
　　　　 서울특별시 서초구 강남대로 435 주류성빌딩 15층
　　　　 TEL | 02-3481-1024(대표전화) · FAX | 02-3482-0656
　　　　 e-mail | juluesung@daum.net

값 20,000원

잘못된 책은 교환해 드립니다.

ISBN 978-89-6246-452-8 94910
ISBN 978-89-6246-283-8 94910(세트)

※ 이 저서는 2019년 대한민국 교육부와 한국연구재단의 지원을 받아 수행된 연구임
　 (NRF-2019S1A5C2A01083578).

경희 고대사 · 고고학 연구총서 5

시베리아 고아시아족 신화론

곽진석 지음

주류성

차례

獻辭

　김열규 선생님이 유명을 달리하신 지 어느덧 여덟 해가 지났다. 무심한 것이 시간인지 아니면 마음인지도 모른 채 모든 게 그렇게 흘러갔다. 무심한 시간과 마음에 대한 상념(想念)은 이내 상심(喪心)으로 바뀌고, 이럴 때 선생님이 좋아하셨던 Johannes Brahms의 '클라리넷과 피아노를 위한 소나타'를 듣고 있으면 상심(喪心)은 어느새 평심(平心)으로 되돌아오곤 한다.

　선생님은 평소 "한국인 또는 한국문화의 정체성을 정립하고자 노력한 사람"으로 기억되고 싶다는 말씀을 여러 차례 하신 적이 있다. 이것은 선생님의 학문적 소망이기도 하다. 이 같은 바람과 소망의 끝에 시베리아 샤머니즘과 그것에 바탕을 둔 시베리아 신화가 자리잡고 있음은 물론이다. 이런 점에서 시베리아는 한국인 또는 한국문화의 고향이라고 할 만하다. 선생님의 70여 권에 이르는 책들, 특히 『한국신화와 무속연구』(일조각, 1977)와 『동북아시아 샤머니즘과 신화론』(아카넷, 2003)은 이런 점을 파노라마처럼 생생하게 펼쳐 보였다.

　예로부터 '배우는 기쁨'과 함께 '가르치는 기쁨'이 있다고 하지 않았던가. 스승에게 배우는 기쁨과 제자에게 가르침을 베푸는 기쁨을 옛 성인들은 기꺼이 '樂'으로 삼는 데 주저하지 않았다. 필자 또한 스승의 무한한 가르침을 받아 배우는 기쁨을 누렸고, 나아가 제자를 가르치는 기쁨도 누렸다. 하지만 '樂'이 어디 이것뿐이겠는가. 제자가 스승의 학문적 소망과 가르침을 이어받아 후세에 펼쳐 보이는 것도 '樂'이 아니겠는가. 어쩌면 '樂' 가운데 가장 크고 고귀한 '樂'일지도 모를 일이다.

필자는 평소 선생님의 바람과 소망을 마음 깊숙한 곳에 새겨 두고 있었다. 스승의 바람과 소망을 잇는 것이 제자의 도리이고 기쁨이라고 늘 생각했다. 그러면서 스승과 함께 같은 길을 걷는 것을 크나큰 '樂'으로 삼았다. 이런 생각은 어두운 숲 속에서도 필자가 길을 잃지 않도록 인도하는 빛나는 별과 같은 것이었다. 그 결과물로 선생님 생전에 『시베리아 만주-퉁구스족 신화론』을 출간하기도 하였다. 유명을 달리하신 후에도 선생님의 소망과 바람을 잠시도 잊지 않았다. 이번에 출간하는 『시베리아 고아시아족 신화론』도 그 결과물 가운데 하나이다. 이 책에서는 니브흐족, 코랴족, 축치족, 이텔멘족, 유카기르족 등 고아시아족의 신화를 살펴보았다. 만주-퉁구스족이 우리나라 청동기 문화와 관련이 있다면 고아시아족은 신석기 문화와 관련이 있기 때문에 고아시아족 신화에 대한 탐구는 곧 우리나라 문화의 정체성을 정립하는 일과 맞물려 있다고 해도 과언이 아닐 것이다. 물론 필자의 아둔함으로 인해 선생님의 기대에는 미치지 못할 것이라는 사실을 잘 알고 있다. 하지만 선생님의 바람과 소망 가운데 한 점이라도 필자의 흔적을 남길 수 있다면 그것을 '樂'으로 삼고자 한다. 그 '樂'이 필자에게는 최상의 '樂'이라 의심치 않는다.

이 책을 선생님 영전에 삼가 바친다.

2021년 3월
자란만이 내려다보이는 서재에서
곽 진 석

제 1 장

시베리아 고아시아족 개관

시베리아에는 우고르어군에 속하는 민족과 사모예드어군에 속하는 민족 등이 거주하고 있다. 이 민족들이 사용하는 언어는 이른바 우랄어족에 속한다. 그리고 투르크어군에 속하는 민족과 몽골어군에 속하는 민족, 또 만주-퉁구스어군에 속하는 민족 등이 거주하고 있다. 이 민족들이 사용하는 언어는 이른바 알타이어족에 속한다. 마지막으로 고시베리아어 혹은 고아시아 제어(諸語)를 사용하는 고아시아족이 거주하고 있다.

우고르어군에 속하는 민족에는 한트족(오스챡족)과 만시족(보굴족) 등이 있고, 사모예드어군에 속하는 민족에는 에네츠족(예니세이 사모예드족), 네네츠족, 느가나산족, 셀쿱족 등이 있다. 그리고 투르크어군에 속하는 민족에는 타타르족, 알타이족, 쇼르족, 하카스족, 투반족, 야쿠트족(사하족), 돌간족 등이 있고, 몽골어군에 속하는 민족에는 부랴트족이 있으며, 만주-퉁구스어군에 속하는 민족에는 오로치족, 울치족(올치족), 우데게족(우데족, 우데헤족), 나나이족(골디족)[이상 만주어군]과 에 벤크족, 에벤족(라무트족), 니기달족[이상 퉁구스어군] 등이 있다. 마지막으로 고아 시아족에는 니브흐족(길랴크족), 코랴족, 축치족, 이텔멘족(캄차달족), 유카기르족 등이 있다.

니브흐족

니브흐족(нивх)은 러시아 극동 시베리아의 하바로프스크주 아무르강 하류와 사할린 섬에 거주하는 고아시아족 가운데 한 민족이다. 러시아 혁명 이전에는 '길 랴크족'으로 불렸으며, 스스로는 자신들을 '사람'(человек)이라고 불렀다. 그리고 니브흐족은 주변의 만주-퉁구스족과 전혀 다르게 고아시아어에 속하는 니브흐어 를 사용한다. 경제는 연어나 송어 등을 잡는 어로와 바다표범과 돌고래 등과 같은 바다동물 및 곰, 순록, 모피동물 등을 잡는 수렵에 바탕을 두고 있다. 종교는 근본 적으로 애니미즘적인 사고체계를 보여준다. 인구는 2000년 기준으로 약 4,630명 이다.

코랴족

코랴족(коряк)은 현재 대부분 캄차트카주 코랴족관구에 거주하는 고아시아족 의 한 갈래다. 그들의 언어는 고아시아어에 속하는 코랴어다. 그리고 그들의 경제 활동은 순록 사육, 바다동물 사냥, 수렵, 어로 등이다. 코랴족은 크게 두 그룹으로 나뉜다. 하나는 해안에 정착하여 살고 있는 그룹이고, 다른 하나는 순록을 유목하 는 그룹이다. 인구는 2000년 통계에 의하면 약 9,000명이다.

축치족

축치족(чукчи)은 대부분 시베리아 추코트반도와 캄차카반도 그리고 야쿠티아 (사하)공화국에 거주한다. 그들은 축치어를 사용하는 하는 고아시아족이다. 그들은 경제적으로 분리된 두 개의 그룹으로 나뉜다. 하나는 해안에서 바다동물을 사냥하는 정착 축치족이고, 다른 하나는 툰드라에서 순록을 사육하는 유목 축치족이다. 이 두 그룹은 경제적으로 뿐만 아니라 혈연적으로도 결속되어 있다. 인구는 2000년 통계에 의하면 약 3,000명이다.

이텔멘족

이텔멘족(ительмены)은 이텔멘어를 사용하는 고아시아족 가운데 한 민족으로서 극동시베리아 캄차트카 반도와 마가단주에 거주한다. 그들은 자신들을 이텐미(итэнмьи)라고 부르는데, 그 명칭은 '거주자', '살아있는 사람' 등을 의미한다. 옛날에는 캄차달(камчадалы)로 불렸다. 그들의 경제활동은 주로 어로나 바다동물 사냥, 그리고 채집에 기반을 두고 있다. 인구는 2000년 통계에 따르면 약 2,500명이다.

유카기르족

유카기르족(юкагиры)은 고아시아어족에 속하는 소수민족으로서 동북 시베리아 툰드라 지역과 타이가 지역에 거주한다. 그들은 지역적으로 크게 세 그룹으로 나뉜다. '타이가 유카기르족'으로 불리는 그룹은 콜리마강 상류에 거주하고, '툰드라 유카기르족'으로 불리는 그룹은 콜리마강 하류에 거주하며, 추반족(чуванцы)으로 불리는 그룹은 추코트 반도에 거주한다. 이 가운데 '타이가 유카기르족'은 스스로 자신들을 오둘(одул)이라 부르고, '툰드라 유카기르족'은 바둘(вадул)이라

부른다. 그들의 중요한 경제활동은 일반적으로 수렵과 어로, 그리고 순록사육에 바탕을 두고 있다. 특히, '타이가 유카기르족'은 신석기적인 생활양식을 유지하고 있다는 점에서 다른 그룹의 유카기르족과 구별된다. 인구는 2000년 기준으로 약 1,100명이다.

제 2 장

니브흐족 신화론

I. 니브흐족 신화의 세계관과 구성 원리

1. 니브흐족의 애니미즘적인 세계관

니브흐족의 원시적인 관념의 바탕에는 세계에 대한 애니미즘적인 관점이 자리 잡고 있다. 이 점은 사할린 섬에 대한 그들의 오래된 관념에서도 확인된다. 그들은 사할린 섬을 오른쪽으로 누워 대륙을 바라보고 있는 사람과 유사한 존재로 생각한다. 섬 북부의 슈미트 반도는 머리에, 슈미트 반도의 남쪽 좁은 곳은 목에, 동사할린 산맥은 척추에, 섬 남부의 아니바 곶과 크릴론 곶은 다리에, 섬 북동부의 오하시

(市) 지역은 심장에 해당한다.[1]

니브흐족은 자연을 숭배한다. 이것은 그들의 삶에서 매우 자연스러운 현상이다. 자연에서의 어로와 수렵, 그리고 채취가 그들의 삶에서 결정적인 역할을 하기 때문이다. 강과 바다 그리고 산에서 생산되는 모든 자원이 그들의 존재의 근원이기 때문에 그들은 자연, 특히 물과 산/숲을 숭배한다.[2] 이와 달리 하늘에 대한 숭배는 산/숲과 물에 대한 숭배보다 약하다. 니브흐족은 '하늘의 정령'에 대해 거의 언급하지 않는다. 왜냐하면 니브흐족의 경제활동은 '하늘의 세계'와 직접적으로 관련되지 않기 때문이다.[3]

산/숲과 강/바다에는 사람처럼 살아가는 거주자가 있다. 그들도 사람처럼 살기 때문에 각각 '숲의 사람'과 '물의 사람'으로 불리기도 한다. 산이나 숲에는 니브흐족이 가장 중요하게 여기는 '숲의 사람', 즉 '숲의 정령'인 '빨 으이즈'(пал ыз)가 살고 있다. 곰으로 표현되는 '숲의 정령'은 숲의 모든 동물들을 지배하면서 담비와 곰 등 계절마다 필요한 동물을 니브흐족에게 보낸다.

니브흐족은 그들에게 여러 종류의 동물들을 보내주는 '숲의 정령'을 존중하면서 그들과 평화적인 관계를 유지하려고 노력한다. 이런 이유 때문에 니브흐족은 산이나 숲에서 땅을 더럽히지 않고 나무를 꺾지 않으며, 큰 소리로 말하지 않는다. 또 그들은 '숲의 정령'에 대해 험담하지 않는다. 이와 같은 존중과 평화적인 관계 덕분에 '숲의 정령'은 니브흐족에게 매년 여러 동물들을 보내줄 뿐만 아니라 그들

---

1) Ч. М. Таксами, "Представления о Природе и Человеке у Нивхов", И. С. Вдовин ed., Природа и Человек в Религиозных Представления Народов Сибири и Севера, Ленинград, 1976, p.204.

2) Ч. М. Таксами, "Система Культов у Нивхов", Памятники Культуры Народов Сибири и Севера, Ленинград, 1977, p.90.

3) Ч. М. Таксами, "Представления о Природе и Человеке у Нивхов", И. С. Вдовин ed., Природа и Человек в Религиозных Представления Народов Сибири и Севера, Ленинград, 1976, p.208.

이 산이나 숲을 안전하게 다닐 수 있도록 허용한다. 산이나 숲을 안전하게 다닐 수 있는 것은 경제활동과 관련된 그들의 삶에서 매우 중요한 의미를 갖는다.[4]

니브흐족은 동물들을 보내준 '숲의 정령'에게 고마움을 표시하기 위해 그들에게 제물을 바치는 의례, 즉 '숲의 정령 먹이기'(кормление хозяина тайги) 의례를 거행한다.[5] 겨울철 사냥이 시작되면 부족의 모든 구성원들은 이 의례를 거행한다. 부족 구성원 가운데 연장자는 숲의 동쪽 방향에 '이나우'(инау)[6]를 세우고 데려간 개를 죽여 삶은 고기와 의례용 음식을 해 뜨는 방향으로 던진다. 이때 '숲의 정령'에게 사냥의 성공과 건강, 질병과 불행으로부터의 보호 등을 기원한다. 이 같은 의례를 통해 니브흐족은 '숲의 정령'과 우호적인 관계를 지속시키고자 한다.

강이나 바다에는 '물/바다의 사람', 즉 '물/바다의 정령'인 '톨 으이즈'(тол ыз)가 살고 있다. '물의 정령'은 백발의 노인 또는 백발의 노파로 형상화된다. 그들은 큰 집에서 살고 있고, 겨울에는 개가 끄는 썰매를 타고 다니며 여름에는 배를 타고 다닌다.

니브흐족은 '물의 정령'이 사는 물에 대해 존경을 표한다. 그들은 항상 물을 더럽히지 않고 물을 멸시하지 않는다. 그 결과 '물의 정령'은 니브흐족에게 물고기와 바다동물을 보내준다. 또 그들이 바다를 안전하게 항해할 수 있도록 허락한다. 그들은 '물의 정령'과 우호적인 관계를 지속하기 위해 배를 타고 항해할 때는 언제든지 신중하게 행동한다.[7] 물은 니브흐족의 경제활동과 밀접히 관련되어 있기 때문

---

4) Ibid., p.205.

5) Ч. М. Таксами, "Система Культов у Нивхов", Памятники Культуры Народов Сибири и Севера, Ленинград, 1977, p.95.

6) '이나우'는 생명의 탄생과 관련된 '생명의 나무' 또는 '영혼의 나무'를 상징한다.
   Л. Я. Штернберг, Гиляки, Орочи, Гольды, Негидальцы, Айны, Хабаровск, 1933, p.50.

7) Ч. М. Таксами, "Представления о Природе и Человеке у Нивхов", И. С. Вдовин ed., Природа и Человек в Религиозных Представления Народов Сибири и Севера, Ленинград, 1976, p.206.

이다.

니브흐족은 물고기와 바다동물을 보내준 '물의 정령'에게 고마움을 표시하기 위해 그들에게 제물을 바치는 의례, 즉 '물의 정령 먹이기'(кормление хозяина воды) 의례를 거행한다.[8] 이 의례는 1년에 두 번, 봄과 늦은 가을에 거행한다. 봄에 얼음이 녹기 시작할 때, 그리고 늦은 가을에 얼음이 얼기 시작할 때 얼음 구멍 속으로 말린 연어 꼬리를 내린 다음 의례용 음식을 던진다. 이때 "물이여, 물고기와 바다동물을 많이 잡을 수 있도록 허락하십시오!"라고 기원한다. 이 같은 의례를 통해 니브흐족은 '물의 정령'과 우호적인 관계를 지속시키고자 한다.

하늘 숭배는 산/숲이나 강/바다 숭배만큼은 아니지만 니브흐족의 삶에서 일정한 역할을 한다. 하늘에는 '하늘의 사람', '하늘의 정령'인 '틀르이 으이즈'(тлы ыз)가 산다. 그는 지상에 사는 사람을 주의 깊게 살펴보면서 그들의 삶에 관여한다.

니브흐족은 '하늘의 정령'에게 제물을 바치는 의례, 즉 '하늘의 정령 먹이기'(кормление хозяина неба) 의례를 거행한다.[9] 이 의례는 1년에 한 번, 보통 12월 또는 1월에 거행한다. 숲에서 가져온 낙엽송을 세우고 그 주위에 의례용 음식을 그릇에 담아 놓아둔다. 그 다음 돼지와 수탉의 피를 낙엽송에 바른 후 그 피를 위로 뿌린다. 이 때 "수탉이여, 우리를 가엽게 여기십시오, 잘 살도록 허락하십시오, 병에 걸리지 않도록 해주십시오!"라고 기원한다.

---

8) Ч. М. Таксами, "Система Культов у Нивхов", Памятники Культуры Народов Сибири и Севера, Ленинград, 1977, p.91.

9) Ibid., p.98.

2. 니브흐족 신화의 세계관과 구성 원리

니브흐족 신화의 세계관은 대체로 이원적인 세계관, 삼원적인 세계관, 다원적인 세계관으로 구분된다. 이럴 경우 이원적인 세계관을 보여주는 신화의 구성 원리는 두 개의 세계 사이에서 실현되는 <교환>, 삼원적인 세계관을 보여주는 신화의 구성 원리는 세 개의 세계 사이에서 실현되는 <균형>, 다원적인 세계관을 보여주는 신화의 구성 원리는 네 개 이상의 세계 사이에서 실현되는 <질서>다.

1) 이원적인 세계관과 <교환>의 원리

이원적인 세계관을 보여주는 니브흐족 신화는 '니브흐인'과 '산/숲의 거주자', '물/바다의 거주자', 그리고 '하늘의 거주자' 사이의 관계를 다루고 있다. 이 신화들은 기본적으로 그들 사이에서 이루어지는 <교환>의 원리에 바탕을 두고 있다. 공간/혼인/의례의 층위에서 이러한 원리를 확인할 수 있다.

[자료1]

어느 날 가을 길을 잃은 사냥꾼이 곰의 흔적을 발견했다. 그는 그 흔적을 추적하다가 곰 굴을 발견했다. 곰 굴로 들어간 그는 거기서 사람의 집을 보았다. 그 곳에 사는 사람들은 그를 잘 대해 주었다. 그는, 니브흐족 사람들이 '산의 사람'들에게 선물을 보내고, 제물로 개를 바친다는 것을 우연히 알게 되었다. '산의 사람'들이 그에게 말했다. "니브흐족 사람들이 보낸 음식을 당신에게 줄 수 없어. 그건 죄를 짓는 것이야." 그들은 그에게 그 곳의 고기를 대접했다. 봄이 되자 집 주인은 니브흐족 사람들이 오기를 기다렸다. 이전에 니브흐족 마을에 손님으로 가지 않은 가장 젊은 사람이 굴 밖으로 나가려고 했다. 이 때 그의 형수가 가죽을 뒤집어쓰고 곰으로 변신한 다음 그를 대신하여 굴 밖으로 나갔다. 니브흐족 사람들이 창으로 몇 번 그녀(암곰)를 찔렀지만, 오히려 창들이 부러졌다. 그녀의 남편이 굴 밖으로 나가 그녀에게 쓰러지도록 지시했다. 그 후 니브흐족 사람들은 그녀를 죽여 고기를 절단한 다음 구워 먹었다. 사냥꾼은 이것을 보고 혼자 생각했다. '곰은 역시 사람이고, 니브흐족 사람들은 자신들과 비슷한 곰 고기를 먹는구나.' 4일 후에 큰 가방을 맨 여성이 4마리 개를 데리고 산으로 올라갔다. 이듬해 봄에 그녀는 사냥꾼에게 말했다. "당신은 길을 잃지 않았어. '산의 사람'들이 자신들의 규범을 알도록 당신을 특별히 이곳으로 데려왔어." 계속 그에게 말했다. "비록 그들이 곰, 즉 '산의 사람'이지만 그들을 별개의 사람으로 간주해서는 안 돼." 그 후 그녀는 그에게 마을로 돌아가 여기서 본 모든 것을 마을 사람들에게 말하도록 했다. 사냥꾼은 다음 날 자신의 마을로 내려왔다. 이때부터 니브흐족 사람들은 곰이 '산의 사람'이라는 것을 알았다. 모든 부족에게는 '산의 사람'의 부족이 있다. 사냥꾼은 이후에 더욱 더 훌륭한 사냥꾼이 되었다.[10]

[자료2]

사냥꾼 '므익르핀'(Мыкрфин)은 손으로 여러 동물들을 잡아 마을 사람들에게 주었다. 어느 가을에 그는 숲으로 가서 3년 동안 돌아오지 않았다. 그는 마을로 돌아와 숲에서 길을 잃은 후 경험한 것에 대해 말했다. < 그는 담비의 흔적을 발견하고서는 그것을 따라갔다. 10일이 지나면서 지

---

10) А. Б. Островский, Мифология и Верования Нивхов, Санкт-Петербург, 1997, p.44.

쳐 잠이 들었다. 꿈에 젊고 아름다운 여성이 나타나 담비의 흔적을 따라 더 갈 것을 요구했다. 또 많은 음식을 주고, 여름이 오면 마을로 돌려보내 주겠다고 약속했다. 흔적을 따라가다가 산속에서 집을 발견했다. 그 집에서 젊은 여성이 나와 그를 집으로 초대했다. 그녀는 그에게 여러 동물의 삶은 고기를 주었다. 그가 고기를 다 먹은 후에 그녀는 말했다. "당신은 우연히 여기로 온 것이 아니에요. 제가 당신을 여기로 데려왔어요. 여름까지 여기서 부부로 함께 살아요." 3년이 지났다. 그녀는 얼마 있지 않아 아이를 낳을 것이라면서 2년 동안 마을에 갔다 와도 좋다고 그에게 말했다. 다만 반드시 돌아 와야 하고, '완전한 몸'(곰의 몸)을 갖추지 않으면 곰이 죽일 것이라고 덧붙였다.> 그는 니브흐족 마을로 돌아가 모든 것을 말했다. 그는 이전처럼 2년 동안 동물과 물고기를 잡아 마을 사람들에게 주었다. 어느 가을에 그는 숲으로 가버렸다. 도중에 그는 매우 큰 암곰을 만나 싸우다가 둘 다 죽었다. 그의 동료들이 곰의 몸을 한 그를 수습해서 그 암곰과 함께 묻어 주었다.[11]

[자료1]과 [자료2]는 모두 '니브흐인'과 '산/숲의 거주자' 사이의 이원적인 관계를 다루면서 <교환>의 원리를 보여주고 있는 신화다.

두 신화에서 주인공인 니브흐인 사냥꾼은 '산/숲의 거주자'의 세계로 찾아가고, 그 후에 다시 자신의 세계로 돌아온다. 하나의 세계에서 다른 세계로 공간 이동하는 층위에서 <교환>이 이루어지고 있는 셈이다. [자료1]에서는 공간 이동이 곰, 즉 '산의 여성'의 흔적을 따라서 이루어지고, [자료2]에서는 담비, 즉 '산의 여성'의 흔

---

11) Ibid., p.45.

적을 따라서 이루어진다. 곰과 담비는 사냥의 주요 대상 가운데 하나면서 '니브흐인'과 '산/숲의 거주자'의 교환 관계에서 신앙의 주요 대상 가운데 하나이기도 하다. 니브흐족은 곰과 담비를 '산/숲의 여주인'으로 숭배하면서 그들에게 제물을 바치는 의례를 거행한다.[12]

그리고 [자료1]에서는 공간 이동의 입구가 <곰 굴속의 집>이고, [자료2]에서는 <산속의 집>이다. 이 집들은 '산/숲의 세계'의 주인의 거주 장소다. 다만, [자료1]에서는 '산/숲의 세계'의 주인의 거주 장소가 사람의 마을과 가까운 곳에 있고, [자료2]에서는 사람의 마을과 가까운 곳에 있지 않을 뿐이다. [자료2]에서는 '산/숲의 세계'의 주인의 거주 장소가 담비의 흔적을 따라 10일 이상 이동한 곳에 있기 때문이다.

[자료1]과 [자료2]는 혼인의 층위에서도 <교환>의 원리를 보여준다. [자료1]에서는 사냥꾼이 '산/숲의 세계'로 가서 '산/숲의 여성'과 잠시 동안 동거하고, [자료2]에서는 사냥꾼이 '산의 여성'과 오랫동안 동거한다. 이후에 [자료1]에서는 후손에 대한 언급이 없지만 [자료2]에서는 아이의 탄생에 대한 언급이 있다. [자료1]과 [자료2]에서 알 수 있는 것처럼 이 같은 동거의 결과는 결국 사냥의 성공으로 귀결된다. 이것은, '니브흐인'과 '산/숲의 거주자'가 교환 관계로 맺어져 있음을 말해준다.

마지막으로, [자료1]은 의례의 층위에서도 <교환>의 원리를 보여준다. 니브흐족은 봄과 가을에 '산/숲의 거주자'에게 제물을 바치는 의례를 거행한다. 이에 대한 보답으로 '산/숲의 거주자'는, 니브흐족이 사냥에서 길을 잃지 않도록 도와주고 많은 짐승을 잡도록 도와주며 질병으로부터 벗어나게 도와준다.[13] [자료1]에는 니브

---

12) Ibid., p.46.
13) Ibid., p.45.

흐족이 '산/숲의 거주자'에게 보내는 교환 물품이 분명하게 언급되어 있다. 니브흐족은 의례 때 '산/숲의 거주자'에게 선물과 함께 개를 제물로 바치고 있기 때문이다. 이럴 경우 '산/숲의 거주자'는 니브흐족과 함께 교환의 주체로서 역할을 다한다. 이에 대한 보답으로 '산/숲의 거주자'는 니브흐족에게 사냥감인 곰, 즉 '산/숲의 사람'을 보내준다. 이것은, 니브흐족의 곰 사냥의 성공이 '산/숲의 거주자'의 뜻에 달려있음을 의미한다. 여기서 '산/숲의 거주자'는 교환의 주체로서 뿐만 아니라 교환의 객체로서의 역할도 하고 있음을 알 수 있다. 이와 달리 [자료2]에서는 '산/숲의 거주자'로 변신한 사냥꾼이 어떻게 교환의 주체가 되었는가에 대한 그 유래가 주로 언급되고 있을 뿐이다.

[자료3]

어느 날 노인이 아내와 함께 열매를 따기 위해 숲으로 갔다가 돌아왔다. 그런데 집에 딸이 없었다. 곧바로 딸을 찾아보았지만 찾을 수가 없었다. 노인은 바닷가에서 '물/바다의 정령'인 바다제비가 고래를 바닷가로 몰아 칼로 고래를 자르는 것을 보았다. 그가 갑자기 큰 소리를 지르면서 바닷가로 달려가자 바다제비들은 '물/바다의 정령'으로 변하여 헤엄쳐 갔다. 그는 바닷가에서 '물/바다의 정령'들이 쓰던 칼 한 자루를 집으로 가져와 상자에 넣어 두었다. 노인은 집으로 돌아와 딸을 보았다. 그녀는 매우 슬퍼 보였고, 아무것도 먹지 않았다. 어머니가 딸에게 음식을 권했지만, 그녀는 음식에서 악취가 난다면서 먹지 않았다. 노인이 아침에 일어났는데 딸이 또 없어졌다. 그는 매일 딸을 기다렸지만 오지 않았다. 겨울이 지나고 봄이 되자 그는 바다표범을 잡기 위해 바다로 나갔다. 멀리 가지 않아 바다제비가 배 옆으로 왔는데, 그 위에서 딸이 앉아 말했다.

"아버지, 무서워하지 마세요. 아버지가 '물/바다의 정령'의 칼을 가져가 셨기 때문에 그들이 저를 데려갔어요. 저는 잘 지내고 있으니까 걱정하지 마시라고 어머니께 전해주세요. 더 이상 바다표범과 돌고래를 잡기 위해 배를 타고 바다로 나오지 마세요. 바다동물들이 바닷가로 몰려나올 거예요." 집으로 돌아온 아버지가 어머니에게 모든 걸 말하고 잠시 생각했다. '배를 타고 바다로 나가면 다시 딸을 만날 수 있겠지.' 아버지는 배를 타고 바다로 나갔다. 바다제비들이 배로 헤엄쳐 왔는데, 그 가운데 바다제비 모습을 한 딸도 있었다. 딸은 기뻐하면서 아버지에게 말했다. "아버지, 제 딸이에요. 저는 지금 행복하게 지내고 있으니 아버지도 어머니와 행복하게 사세요. 만약 식량이 필요하시면 바닷가에서 구할 수 있을 거예요." 아버지는 집으로 돌아가 어머니에게 말했다. "'물/바다의 사람'들이 우리 딸을 데려가 잘 키웠어. 우리 딸이 아이도 낳았던데. '물/바다의 정령'이 보내준 바다표범 고기를 먹을 수 있을 거야."[14]

[자료3]은 [자료1], [자료2]와 달리 '니브흐인'과 '물/바다의 거주자' 사이의 이원적인 관계를 다루면서 <교환>의 원리를 보여주는 신화다. [자료3]에서 노인은 '물/바다의 정령'의 칼을 가지고 집으로 돌아온다. 그에 대한 대가로 '물/바다의 정령'은 니브흐인의 세계로 와서 노인의 딸을 그들의 세계로 데려간다. 공간 이동의 층위에서 두 세계 사이의 교환이 이루어지고 있는 셈이다.

[자료3]에서 '물/바다의 정령'은 바다제비의 모습으로 나타난다. 니브흐족의 관념에 의하면, 바다제비를 접대하지 않으면 모욕감 때문에 배를 뒤집을 수도 있고

---

14) Ч. М. Таксами, "Система Культов у Нивхов", Памятники Культуры Народов Сибири и Севера, Ленинград, 1977, p.103.

접대를 잘하면 고래를 죽여 그 고기를 주거나 바다표범 떼를 배 쪽으로 몰아주기도 한다. 따라서 니브흐족은 바다제비를 '물/바다의 정령'으로 숭배한다.[15]

[자료3]은 혼인의 층위에서도 <교환>의 원리를 보여준다. 노인의 딸은 '물/바다의 세계'로 가서 '물/바다의 정령'과 동거한다. [자료3]은 [자료1], [자료2]와 달리 니브흐인 여성과 '물/바다의 남성' 사이의 동거 관계를 보여준다. 동거의 결과로 그들 사이에 아이가 태어난다. 그들의 동거와 그들 사이에서 태어난 아이는 노인의 사냥 성공을 보장한다. '물/바다의 정령'이 노인의 딸과의 동거와 태어난 아이에 대한 고마움으로 노인에게 언제나 바다동물을 가져다주기 때문이다. 이것은, '니브흐인'과 '물/바다의 거주자'가 교환 관계로 맺어져 있음을 말해준다.

[자료4]

한 여성이 어린 아들과 함께 살고 있었다. 어느 날 아들은 담배를 피운 후 활과 화살을 쥐고 바다로 가다가 방향을 바꾸어 숲으로 갔다. 그는 곰에게 접근하여 화살을 쏜 후에 칼로 찔러 죽였다. 이때 어머니가 쇠 지팡이에 의지한 채 그에게 다가와 곰 고기를 먹어도 좋으냐고 물어보았다. "어머니, 고기는 저장용으로 건조시키고, 지방은 드셔도 괜찮아요." 어머니는 그의 말에 따라 곰 지방을 먹었다. 그들이 집으로 돌아왔을 때 젊은 여성이 찾아왔다. 그는 그녀를 누이로 삼았다. 그들은 곰 고기를 걸어둔 창고로 함께 갔다. 그들이 창고로 들어가자마자 창고는 날개를 펼쳐 바다 가운데로 날아갔다. 창고는 바다 가운데 있는 섬에서 자라는 낙엽송 꼭대기에 앉았다. 이때 독수리가 날아와서 창고 지붕 위에 앉았다. 젊은 여성

---

15) Ibid., p.102.

이 물을 가지고 나가 독수리가 마시도록 했다. 독수리는 위로 날아간 후에 사냥한 바다표범을 가지고 다시 창고로 날아왔다. 그리고 독수리는 자신의 꼬리 깃털을 그에게 주었다. 그는 독수리를 매제(妹弟)로 삼았다.[16]

[자료4]는 '니브흐인'과 '하늘의 거주자' 사이의 이원적인 관계를 다루고 있다. 이럴 경우 낙엽송 꼭대기에 있는 창고는 '니브흐인'과 '하늘의 거주자'가 만나는 공간이다. 나무의 꼭대기는 지상의 세계와 하늘의 세계를 매개하는 경계지역인 셈이다.

창고 공간에서 '니브흐인'과 '하늘의 거주자'의 접촉이 일어난다. 젊은 여성은 낙엽송 꼭대기에 있는 창고에 내려앉은 독수리에게 마실 물을 주고, 독수리는 그에 대한 보답으로 사냥한 바다표범을 가져다준다. '니브흐인'과 '하늘의 거주자' 사이에 교환이 이루어지고 있는 것이다. 이 같은 교환은 공간과 혼인의 층위에서도 일어난다. 혼인을 통해 니브흐인 여성은 '하늘의 거주자'의 세계로 가고, '하늘의 거주자'인 독수리는 '니브흐인'의 세계로 오는 공간 이동이 일어나고 있기 때문이다.

2) 삼원적인 세계관과 <균형>의 원리

삼원적인 세계관을 보여주는 니브흐족 신화는 '니브흐인'과 '산/숲의 거주자', '물/바다의 거주자', 또는 '하늘의 거주자'와 '산/숲의 거주자', '물/바다의 거주자'의 관계를 다룬다. 이 신화들은 기본적으로 그들 사이에서 이루어지는 <균형>의 원리에 바탕을 두고 있다.

---

16) А. Б. Островский, "Мифологические Тексты Нивхов", КраеведческийБюллетень Сахалинского Областного Музея, No. 3, Южно-Сахалаинск, 1991, pp.28-29.

[자료5]

바닷가에 니브흐족 마을이 있었다. 어떤 사람이 낚시로 가자미를 잡기 위해 바다에 갔다. 그는 큰 가자미 한 마리를 잡았는데, 그것이 '어머니-물의 물고기'라는 것을 알았다. 그는 여성의 성기와 비슷한 물고기의 배꼽 구멍을 통해 성교했다. 그런 다음 물고기의 부탁에 따라 물고기를 놓아주었다. 이 일을 마을 사람 누구에게도 말하지 않았다. 어느 날 마을 사람 세 명이 사냥하러 갔다. 마을에서 가까운 갑(岬)에서 울고 있는 아이를 발견했다. 아이는 마을 사람들에게 자신을 아버지에게로 데려가 줄 것을 부탁했다. 그들 가운데 한 사람이 그 아이를 맡아 키웠다. 이 일을 마을 사람들에게는 비밀로 했다. 아이가 자란 후에 바위로 가서 '톨-으이즈'(т ол-ыз)[물/바다의 정령]에게 기원했다. 뭔가 공중에서 무릎 사이를 지나 땅에 떨어졌다. 칼이었다. 그는 그것으로 곰을 사냥했고, 마을 사람들은 곰 고기를 건조시켰다. 언젠가 마을 사람이 창고에서 물고기를 먹고 있는 곰을 보았다. 사람으로 변신한 곰은 자신의 마을로 올라오도록 니브흐족 사람을 초대했다. 니브흐족 사람은 산으로 올라가서 집에 앉아 있는 노인과 노파, 그리고 아이를 보았다. 노인은, <게걸스럽게 먹는 아이>[갑에서 울고 있던 아이]가 올봄에 갑으로 나올 수 있도록 말을 전해 줄 것을 그에게 부탁했다. 또 칼도 날카롭게 갈도록 했다. <게걸스럽게 먹는 아이>는 여름에 갑으로 갔다. 그 곳에서 매우 큰 곰이 앉아서 무엇인가를 먹고 있었다. 그는 곰을 공격하려고 했지만 칼을 칼집에서 뽑을 수가 없었다. 곰과 싸우기 시작했지만 힘이 비슷하여 서로 물러났다. 곰은 산으로 갔

고, 그는 집이 있는 바다 방향으로 갔다.[17]

[자료5]는 '니브흐인'과 '물/바다의 거주자' 그리고 '산/숲의 거주자' 사이의 삼원적인 관계를 다루면서 <균형>의 원리를 보여주는 신화다.

바닷가의 갑(岬)에서 이루어진 니브흐인과 '어머니-물의 물고기'인 가자미의 성적인 관계를 통해 아이가 태어난다. 이럴 경우 갑은 '니브흐인'과 '물/바다의 거주자' 또는 '니브흐인의 세계'와 '물/바다의 세계'의 관계를 매개하는 만남의 공간이다. 이곳에서 두 세계의 거주자 사이에 상호작용이 일어나고 있는 셈이다. 그런가 하면 갑은 이야기 후반부에서 벌어지는 '물/바다의 거주자'인 아이와 '산/숲의 거주자'인 곰의 싸움으로 인하여 서로 분리되는 공간이기도 하다. 따라서 갑은 이야기 전반부의 우호적인 만남과 이야기 후반부의 적대적인 분리의 이중성을 띤 공간이라고 할 수 있다.

이와 달리 창고는 '니브흐인'과 '산/숲의 거주자'의 우호적인 만남이 이루어지는 공간이다. 그들 사이의 우호적이고 평화적인 만남은, '니브흐인'이 '산/숲의 거주자'의 초대를 받고 그들의 세계로 이동하는 것을 가능하게 한다. 이런 점에서 보면, 갑과 창고는 각각 '니브흐인'과 '물/바다의 거주자' 그리고 '니브흐인'과 '산/숲의 거주자' 사이를 중재하면서 우호적인 관계가 유지되도록 하는 공간이다.

'니브흐인'과 '물/바다의 거주자' 그리고 '니브흐인'과 '산/숲의 거주자'는 서로 우호적인 관계를 형성한다. 그러나 '물/바다의 거주자'와 '산/숲의 거주자'는 적대적인 관계를 형성한다. 그들은 갑에서 자신들의 영역을 두고 치명적인 싸움을 벌인다. 갑은, '물/바다의 거주자'의 영역이면서 또한 '산/숲의 거주자'의 영역이기도

---

17) А. Б. Островский, Мифология и Верования Нивхов, Санкт-Петербург, 1997, pp.177-178.

하기 때문이다. 싸움의 결과 '물/바다의 거주자'는 바다로 돌아가고, '산/숲의 거주자'는 산으로 돌아간다. 이것은 그들 사이에 힘의 균형이 유지되고 있다는 것을 의미한다. 따라서 '니브흐인'과 '물/바다의 거주자' 그리고 '산/숲의 거주자' 사이에는 자신들의 고유한 활동영역과 관련하여 <균형>의 원리가 작용하고 있음을 보여준다.

[자료6]

언젠가 신(神)들이 땅에서 살 때 불을 얻기 위해 담배를 피우고 싶어 했다. 그래서 그들은 두 개의 은빛 나는 자작나무 막대기를 서로 비볐다. 오랫동안 비볐지만 불 대신에 검고 어슴푸레하며 누르스름한 불꽃만 일었다. 곧 검은 불꽃은 곰으로 변했고, 누르스름한 불꽃은 악령으로 변했다. 이 악령으로부터 여러 가지 질병이 생겨났다. 그때 신들은 막대기 대신에 두 개의 부싯돌을 마주쳤다. 희고 밝은 불꽃이 튀면서 불이 일어났다. 그들은 하늘로 돌아가기 전에 부싯돌 몇 개를 육지와 바다에 던졌다. 육지에 떨어진 부싯돌은 바다사자가 되었고, 바다에 떨어진 부싯돌은 거대한 고래가 되었다. 그래서 곰과 바다사자는 항상 서로 싸우면서 상처를 입혔다. 신들은, 이것이 마음에 들지 않았다. 신들은 육지와 바다에서 살 동물을 결정하기 위해 곰과 바다사자를 불러 시합을 하도록 했다. 곰과 바다사자는 격렬하게 싸웠다. 결국 곰이 이겨 육지에서 살게 되었고, 바다사자는 바다에서 살게 되었다. 하지만 바다사자는 자신의 운명에 만족하지 못하고 지금도 가끔 바닷가의 바위 위에 올라와 산을 향해 울부짖는다.[18]

---

18) А. Б. Островский, "Мифологические Тексты Нивхов", КраеведческийБюллетень Сахалинского Областного Музея, No. 3, Южно-Сахалаинск, 1991, p.183.

[자료6]은 [자료5]와 달리 '하늘의 거주자'와 '숲/산의 거주자' 그리고 '물/바다의 거주자' 사이의 삼원적인 관계를 다루고 있다. 여기서 바닷가의 바위는 세 개의 세계의 거주자들이 함께 만나는 공간이다. 바닷가의 바위는 하늘과 육지 그리고 바다의 경계지역인 셈이다.

[자료6]에서 곰과 바다사자의 대립에는 몇 개의 대립항들이 포함되어 있다. 곰은 육지의 식물인 자작나무에서 일어난 불꽃에서 생겨났고, 바다사자는 바닷가의 광물인 부싯돌에서 일어난 불꽃에서 생겨났다. 또 곰은 검고 어슴푸레한 불꽃에서 생겨났고, 바다사자는 희고 밝은 불꽃에서 생겨났다.

곰:바다사자::육지:바다::식물:광물::검고 어슴푸레한 불꽃:희고 밝은 불꽃

이처럼 몇 개의 층위에 걸쳐 서로 대립적인 곰과 바다사자 사이에 갈등이 야기된다. 그것은, 신들이 던진 부싯돌 가운데 육지에 떨어진 부싯돌에서 바다사자가 생겨났기 때문이다. 육지는 본래 곰의 영역이다. 이곳에 바다사자가 등장하면서 곰과 바다사자 사이에 영역 다툼이 일어난 것이다. 이 점은, 곰이 바다에 떨어진 부싯돌에서 생겨난 고래와는 갈등관계를 맺지 않는다는 것에서도 알 수 있다. 신은 곰과 바다사자 사이에서 발생한 이 같은 갈등을 중재한다. 시합에서 이긴 곰은 육지에서, 진 바다사자는 바다에서 살도록 한 것이다. 여기에 곰과 바다사자의 고유 영역이 분배되는 <균형>의 원리가 내재되어 있다.

3) 다원적인 세계관과 <질서>의 원리
다원적인 세계관을 보여주는 니브흐족 신화는 '니브흐인'과 '하늘의 거주자', '산/숲의 거주자', '물/바다의 거주자', '땅 밑의 거주자' 사이의 다원적인 관계를

다루고 있다. 이 신화들은 기본적으로 그들 사이에서 이루어지는 <질서>의 원리
에 바탕을 두고 있다

[자료7]

처음에 박새 두 마리-형과 동생-가 언덕 아래에 살았다. 그때 해와 달이
두 개씩 있었다. 생물들이 겨울에는 추워서 죽었고, 여름에는 더워서 죽
었다. 어느 날 동생-박새가 먹이를 구하기 위해 강을 따라 올라가다가 하
늘에 닿을 듯한 굵은 낙엽송이 있는 곳에 이르렀다. 다음 날 형제들은 함
께 그 곳으로 갔다. 거기서 금빛 새와 은빛 새-'하늘의 사람'이면서 나무
의 정령- 두 마리가 하늘에서 내려왔다는 것을 알게 되었다. 형제-박새들
은 먹이를 잃지 않기 위해 '하늘의 새'와 싸워야 했다. '하늘의 새'들이 위
로 비상하자 형제-박새들은 그들을 뒤좇았다. 은빛 새가 먼저 떨어졌고,
그 다음에 형-박새가 떨어졌다. 금빛 새와 그를 뒤이어 동생-박새가 하늘
로 올라갔다. 동생-박새가 금빛 새를 치자 금빛 새는 큰 암곰으로 변하였
다. 그러자 동생-박새는 수곰으로 변하여 암곰을 뒤따라갔다. 금빛 새는
물에서 처음에 바다표범으로, 다음에 잉어로 변했다. 동생-박새도 바다표
범과 잉어로 변하여 그를 뒤따라갔다. 동생-박새는 물 밖으로 나와 금빛
새인 '하늘의 여성'과 혼인하고 싶어 했다. 금빛 새의 아버지는 해 한 개
와 달 한 개를 죽이는 것을 혼인 조건으로 그에게 제시했다. 동생-박새는
그 조건을 받아들이고 길을 떠났다. 그는 바다에 도착해 물 위에 서 있는
집을 보았다. 그때 큰 대구가 나타나 그를 집으로 데려갔다. 그는 자고 있
는 집 주인-노인을 망치로 때려 깨우려고 했다. 노인은 잠에서 깨어나 그
에게 두 그루 낙엽송 가운데 한 그루를 벤 다음 장작으로 잘라 불을 피우

라고 말했다. 솥의 물이 끓기 시작하자 노인은 쇠로 만든 삽으로 그를 떠서 솥에 집어넣었다. 물이 모두 증발하자 솥에는 아무것도 남아 있지 않았다. 노인은 솥바닥에서 긁어낸 것을 명주에 싸서 던졌다. 그 일을 세 번 반복했을 때 철인(鐵人)이 생겨났다. 노인은 철인으로 변한 그에게 천마(天馬)와 활, 그리고 세 개의 화살을 주어 해와 달을 죽이도록 보냈다. 그는 하늘에 떠있는 해 한 개를 죽이고 노인에게로 갔다. 그는 달을 죽이기 위해 이전과 같은 일을 반복했다. 노인은 그에게 말과 구리로 만든 사슬을 주었다. 그는 산속을 가다가 땅에서 돌출한 가지가 많은 막대기를 발견했다. 그 때 땅 아래에서 젊은 여성이 나타나 말했다. "만약 당신이 저와 함께 가고 싶다면 이 막대기[그녀의 어머니의 뿔]를 사슬로 묶으세요." '지하의 여성'의 뿔[막대기]을 사슬로 묶자 날이 어두워졌다. 그녀는 어둡지 않도록 한 개의 해와 한 개의 달을 부활시키는 방법을 그에게 알려 주었다. 그는 그녀의 조언에 따라 낙엽송이 있는 곳으로 갔다. 낙엽송에 있는 문을 열고 들어가니 그 안에 두 개의 해 형상과 두 개의 달 형상이 있었다. 그 가운데 두 개(한 개의 해와 달)는 하늘로 던졌고, 나머지 두 개는 땅에 파묻었다. 그는 일을 마친 다음 젊은 여성을 데리고 노인에게로 갔다. 노인은 자신의 딸-금빛 새를 그에게 아내로 주었다. 그는 아내를 데리고 마을로 돌아왔다. 그 곳에 형-박새와 은빛 새가 함께 살고 있었다. 그 때부터 사람들은 추위나 더위 걱정 없이 살 수 있었다.[19]

 [자료7]은 '니브흐인'과 '하늘의 거주자', '산/숲의 거주자', '물/바다의 거주자',

---

19) А. Б. Островский, Мифология и Верования Нивхов, Санкт-Петербург, 1997, pp.223-224.

'땅 밑의 거주자' 사이의 다원적인 관계를 다루고 있다. 이럴 경우 '니브흐인'과 '산/숲의 거주자' 그리고 '물/바다의 거주자'는 '지상의 거주자'를 대리하고 '하늘의 거주자'는 '천상의 거주자'를 대리하며 '땅 밑의 거주자'는 '지하의 거주자'를 대리한다. 이야기 전반부에 등장하는 낙엽송은 그들의 본질적인 만남을 가능하게 한다. 나무는 땅 아래에서 땅 위를 거쳐 하늘로 자라는 우주구성적인 속성을 지니고 있기 때문이다. 삼계(三界)를 연결하는 중요한 매개체 역할을 하는 것이 곧 낙엽송인 셈이다.

[자료7]에서 동생-박새의 다른 동물로의 연속적인 변신은 '니브흐인'의 지상으로부터 천상으로의 이동을 상징한다. '니브흐인'을 대리하는 동생-박새는 '하늘의 사람'을 대리하는 금빛 새의 변신을 따라서 곰-바다표범-잉어 순으로 변신한다. 곰은 '땅(산/숲)의 거주자'이고 바다표범은 '땅의 거주자'이면서 동시에 '물의 거주자'이며 잉어는 '물의 거주자'다. 즉, '니브흐인'은 순차적으로 '땅(산/숲)의 거주자'를 거쳐 '땅/물의 거주자'로, 그리고 '물의 거주자'로 변신하고 있다. 그 후 동생-박새는 물 밖으로 나와 금빛 새인 '하늘의 여성'과 혼인하고자 한다. 이것은 '니브흐인'의 '지상의 세계'와 금빛 새의 '하늘의 세계' 사이의 원초적인 통교(通交)의 한 요소다.

동생-박새는 금빛 새와의 혼인을 위해 그녀의 아버지가 부과하는 과제를 수락하고 길을 떠난다. 이 과제는, 신화적인 주인공이 흔히 마주치는 혼사장애 모티프에 해당한다. 이때 그가 찾아간 곳은 바닷가의 물 위에 서있는 노인의 집이다. '하늘의 여성'과의 혼인을 위해 찾아간 곳이 바로 그 곳인 이유는, '물/바다의 세계'가 '하늘의 세계'와 직접적인 유사성을 갖고 있기 때문이다. 이 점은, 노인이 갖고 있는 능력과 소유물, 그리고 그의 집의 위치에서 확인할 수 있다. 노인은 주인공을 철인(鐵人)으로 변형시키는 신(神)적인 능력을 갖고 있을 뿐만 아니라 주인공에게 천마(天馬)를 주고 있다. 또한 노인의 집은 바닷가의 물 위에 서 있다. 이 장소는 '물/바다의 세계'와 '하늘의 세계'의 경계지역이다. 이런 점 때문에 주인공은 '하늘의 여성'과 통교하기 위해 '하늘의 세계'와 유사한 성격을 지닌 노인의 집을 찾아가고 있는 것이다.

주인공은 노인과 '땅 밑의 여성'의 도움을 받아 마침내 자신에게 부여된 과제를 해결한다. 그가 수행한 과제는 두 개의 해와 달을 각각 한 개로 조정하는 것이다. 우주적인 무질서, 혼돈 상태를 질서, 조화 상태로 바꾸어 놓는 것이 주인공의 수행해야 할 과제다. 이런 과제의 수행에서 <질서>의 원리가 실현되고 있다.

[자료8]

아주 오래 전에 조그만 땅 한 조각이 있었다. 거기에는 사람들이 살고 있었다. 오랜 시간이 지난 뒤에 땅이 두 조각으로 갈라져 모두 물속으로 가라앉아 버렸다. 그래서 세상에는 사람들은 거의 사라졌고 물과 바다밖에 없었다. 이 때 박새 두 마리가 바다 위에 떠다니는 흙 조각을 부리로 주워 한 곳에 모았다. 흙이 점점 모여 무거워지기 시작하자 물이 가라앉으면서 차츰 바다 이곳저곳에서 땅들이 생겨났다. 땅이 지금처럼 바다에서 점점 커졌을 때 오리, 담비, 그리고 곰이 하늘에서 땅으로 떨어졌다. '땅의 주인령'(дух-хозяин) 혹은 '땅의 정령'이 나타났다. 이 때 곰은 아직 발톱과 이빨이 없었다. 땅의 정령이 곰에게 발톱과 이빨을 만들어 주었다. 그러나 땅에 아직 사람은 나타나지 않았다. 곰이 말했다. "모든 것이 아주 좋아. 아무것도 두려울 것이 없어!" 곰은 전나무를 뽑아 완전히 부러뜨렸다. '땅의 정령'이 말했다. "왜 화가 났느냐? 곧 사람이 나타날 것이니 조금만 기다려라. 그는 두 다리와 두 손을 갖고 있을 것이야" 곰이 대답했다. "사람을 두려워하지 않아요." '땅의 정령'이 다시 말했다. "사람과 함께 조그만 동물이 나타날 것이야. 아마 사람은 그것을 무기로 사용할 것이야." 곰이 대답했다. "무기를 어디에 쓰는 것인지 도대체 모르겠어요." '땅의 정령'이 말했다. "자, 그럼 사람을 나타나게 하지." 이 때 한 소녀와 소년이 살고 있었다. 처음에 그들은 밖으로 나가 여러 가지 놀이를 하였다. 한 번은 소년이 무릎을 꿇고 누워있는 소녀 위에 올라탔다. 그러자 배를 만드는 도끼가 하늘에서 소년의 등으로 떨어졌다. 이때부터 사람들이 태어나기 시작했다. 이들은 즉시 곰을 사냥하기 시작했다. 이와 함께 개가 땅으로 떨어졌는데, 사람 옆에 떨어졌다. '땅의 정령'이 곰에게 말했다. "이제 사람이 태어났으니 그들과 싸워 보아라. 봄에 사람들이 곰을 사냥하기 위해 한 마리 개와 함께 무기 하나를 들고 숲으로 올 것이야. 이때 너희들은 사람들을 향해 산을 내려가라." 봄이 왔다. 한 곰이 첫 번째로 산에서 내려왔다. 한 사람이 개와 함께 곰에게 접근했다. 그가 개를 놓아주자 개는 곰에게 달려들어 물어뜯기 시작했다. 그가 창을 들고 접근하자 곰이 덤벼들었다. 그는 창으로 곰을 찌른 다음 뽑아서 다시 찔렀다. 개는 계속 곰을 뒤에서 물었다. 그러자 곰은 '땅의 정령'에게로 도망쳐 말했다. "용서하시고 도와주세요!" '땅의 정령'이 말했다. "내 일은 모두 마쳤어."[20]

[자료8]은 '니브흐인'과 '하늘의 거주자', '산/숲의 거주자', '물/바다의 거주자' 사이의 다원적인 관계를 다루고 있다. [자료8]에서 '니브흐인'과 '하늘의 거주자'를

---

[20] 이정재, 『시베리아 부족신화』, 집문당, 1998, pp.105-107.

대리하는 박새, '산/숲의 거주자'를 대리하는 담비와 곰, '물/바다의 거주자'를 대리하는 오리가 등장하고 있기 때문이다.

[자료8]의 서두에서 묘사된 것처럼 태초에 땅이 물속으로 가라앉으면서 거기에 살던 사람들도 거의 사라졌다. 이 세상에는 물과 바다밖에 아무것도 없었다. 이것은 우주적인 혼돈이고 무질서의 상황이다. 이때 '하늘의 거주자'인 박새가 나타나 땅을 만든다. 이곳에 먼저 '물/바다의 거주자'인 오리와 '산/숲의 거주자'인 곰, 담비가 나타난다. 그 후 '땅의 정령'이 나타나고, 한 소녀와 소년으로부터 사람들이 태어난다. 이러한 사실은 태초에 '하늘'이 먼저 존재했고 그 다음에 '땅'이 생성된 후 땅 위의 모든 것들이 나타났다는 니브흐족의 관념을 보여준다. '하늘의 거주자'에 의해 땅이 생성되고 '물/바다의 거주자'와 '산/숲의 거주자' 그리고 '니브흐인'이 나타나면서 태초의 혼돈과 무질서의 세계는 비로소 안정과 질서의 세계가 된다. 이런 과정에서 <질서>의 원리가 실현되고 있다.

3. 니브흐족 신화의 사고 코드

니브흐족 신화들의 동일성은 모두 다섯 개의 세계, 즉 '니브흐인의 세계', '하늘의 세계', '물/바다의 세계', '산/숲의 세계', '땅 밑의 세계'와 관련되어 있다는 점에 있다. 여기에는 '사람의 세계', '물/바다의 세계', '하늘의 세계', '산/숲의 세계', '땅 밑의 세계' 등 세계구성에 대한 니브흐족의 전통적인 관념이 반영되어 있다.[21] 특히, 그들의 관념에 의하면 '물/바다의 세계'는 '니브흐인의 세계', '하늘의 세계'

---

21) Ч. М. Таксами, "Представления о Природе и Человеке у Нивхов", И. С. Вдовин ed., Природа и Человек в Религиозных Представления Народов Сибири и Севера, Ленинград, 1976, pp.203-211.

사이의 매개자 역할을 하는 것으로 간주된다. 이것은 니브흐족의 전통적인 경제생활이 물/바다에서 영위된다는 사실과 무관하지 않다.

다섯 개의 세계와 밀접하게 관련된 니브흐족 신화의 사고 체계는 기본적으로 <풍요>의 코드와 <조화>의 코드 위에서 형성된다. 우선 니브흐족 신화에서 '니브흐인'은 자신이 속한 세계를 떠나 다른 세계, 즉 '산/숲의 세계', '물/바다의 세계'로 이동한다. 그 후에 '니브흐인'은 다른 세계의 거주자와 혼인을 하고, 어떤 경우에는 자손을 낳기도 한다. 그런 다음 '니브흐인'은 혼자 또는 배우자와 함께 자신의 세계로 돌아오거나 다른 세계에서 살기도 한다. 이를 통해 니브흐인은 다른 세계와 통교하면서 우호적인 관계를 계속적으로 유지하고자 한다. 수렵과 어로를 주요한 경제활동으로 삼고 있는 니브흐족의 삶에 대한 다른 세계의 정령의 영향력이 매우 크기 때문이다. 따라서 니브흐족은 '산/숲의 정령'이나 '물/바다의 정령'과의 우호적인 관계를 통해 수렵이나 어로에 따르는 위험을 피하고자 하고 또 수렵이나 어로의 성공을 기원한다. 니브흐족 신화의 결말은 이런 점을 분명히 보여주고 있다.

니브흐족은 매년 '산/숲의 정령'이나 '물/바다의 정령'을 먹이는 의례를 거행한다. 그들은 이 의례를 통해 수렵이나 사냥의 성공을 기원한다. 니브흐족 신화에서 '산/숲의 정령'이나 '물/바다의 정령'에게 바친 제물은 항상 수렵이나 어로의 성공으로 되돌아온다. 이런 점에서 니브흐족 신화의 사고 체계를 형성하는 기본적인 코드 가운데 하나는 수렵이나 어로와 관련된 <풍요>의 코드라고 할 수 있다.

니브흐족 신화의 사고 체계를 형성하는 기본적인 코드 가운데 다른 하나는 <조화>의 코드다. 니브흐족 신화에서 먼저 세계가 불완전하게 구성되어 있다는 점을 언급한다. 동물들이 자신들의 세계에 거주하지 못하고 다른 세계에 거주한다. 다른 동물들이 동일한 세계에 거주함으로써 그들 사이에 갈등이 야기되기도 한다. 또 태초에 다수의 해와 달이 나타나 지상의 생명들은 정상적인 생활을 하지 못한다. 이런 상황들은 태초의 우주적인 불완전성을 드러낸다. 이것은 우주적인 혼란이고 무질서다. 니브흐족 신화에서는 이 같은 혼란과 무질서의 상황이 안정과 질서의 상황으로 나아가고 있음을 보여준다. 각각의 동물들은 자신들의 세계에 정착하게 되고, 또 다수의 해와 달은 하나의 해와 달로 조정되는 것이 그것이다. 불완전한 세계구성이 완전한 세계구성으로 변화하고 있는 셈이다. 여기에 세계구성과 관련된 <조화>의 코드가 자리잡고 있다.

II. 니브흐족 민간전승에 나타난 동물의 역할

1. 니브흐족의 동물 숭배

특정 동물에 대해 느끼는 두려움, 또는 특정 동물과 우호적인 관계를 맺으려는 노력이 동물 숭배를 불러온다.[1] 전자는 동물의 세계가 사람의 세계보다 우월하다는 믿음에 기초하고, 후자는 동물이 우호적인 관계에 있는 사람에게 은혜를 베푼다는 믿음에 기초한다. 니브흐족의 경우에는 대체로 특정 동물과 우호적인 관계를 통해 그들의 경제활동인 어로와 수렵의 성공을 도모하려고 한다.

니브흐족은 대표적으로 육지의 곰과 바다의 바다제비를 숭배한다. 이럴 경우 그들은 곰과 바다제비 자체를 신으로 숭배하는 것은 아니다. 그 동물들을 '자연의 주인'의 대리자로서 숭배할 뿐이다.[2] 이런 관념에 따라 니브흐족은 곰과 바다제비를 각각 '산/숲의 주인'의 대리자와 '물/바다의 주인'의 대리자로서 숭배한다.

니브흐족의 동물 숭배와 관련하여 '산/숲의 주인'과 '물/바다의 주인'은 가장 중요한 '자연의 주인'이다. 이것은, 그들의 경제생활이 주로 산/숲과 강/바다에서 이루어진다는 사실과 무관하지 않다. '산/숲의 주인'은 높은 산이나 숲에서 산다. '산/숲의 주인'은 산/숲의 세계와 관련되기 때문에 니브흐족에게 곰, 호랑이, 여우, 담비 등 육지동물을 보내주고, 또 그 동물들은 '산/숲의 주인'에게 복종한다. 이때 곰은 '산/숲의 주인'의 대리자 역할을 한다. 곰의 이런 역할은 곰 의례에서 잘 나타난다. 곰 의례에서 숭배를 받은, 죽은 곰의 영혼은 '산/숲의 주인'에게 돌아가 니브

---

1) Л. Я. Штернберг, Гиляки, Орочи, Гольды, Негидальцы, Айны, Хабаровск, 1933, pp.51-52.
2) Ibid., p.54.

흐족에 대해 호의적으로 말한다. 그러면 니브흐족은, '산/숲의 주인'이 또다시 그들에게 많은 동물을 보내줄 것이라고 믿는다. 또는 곰 의례를 통해 죽은 곰의 영혼이 '산/숲의 주인'에게 니브흐족의 각종 선물을 전달한다. 그러면 니브흐족은, '산/숲의 주인'이 그들의 무사·안녕을 보장해 줄 것이라고 믿는다.

'물/바다의 주인'은 강이나 바다에서 산다. 그는 보통 백발의 노인 또는 백발의 노파로 형상화된다. 그는 니브흐족에게 물고기와 바다동물을 보내준다. 또 니브흐족이 강과 바다에서 안전하게 항해할 수 있도록 돕는다. 이때 바다제비는 '물/바다의 주인'의 대리자 역할을 한다. 어부들은 바다에서 바다제비를 만나면 바다제비에게 제물을 바치면서 성공적인 어로와 안전한 항해를 부탁한다. 그렇게 하면 바다제비가 그들에게 바다짐승과 물고기를 몰아줄 것이라고 믿는다. 만약 바다제비에게 제물을 바치지 않으면, 바다제비는 모욕을 느끼고 니브흐족의 배를 뒤집을 수도 있다고 믿는다.[3]

이 외에도 니브흐족의 민간전승에서는 가끔 호랑이, 여우, 담비 등과 독수리, 오리, 박새 등, 그리고 고래, 돌고래, 바다사자, 바다표범 등도 '자연의 주인'의 대리자로서 나타나는 경우도 있다.

2. 니브흐족 민간전승에 나타난 두꺼비와 뱀의 역할

니브흐족은 대체로 그들의 성공적인 경제활동과 관련하여 동물을 숭배한다. 그러나 두꺼비와 뱀에게는 이와 다른 특별한 의미를 부여한다. 이런 점은 두꺼비와

---

3) Ibid., p.102.

뱀이 니브흐족의 다양한 민간전승, 그 가운데서도 신화, 신상(神像)에 반영된 신앙, 그리고 의례에서 공통적으로 나타나고 있다.

1) 신화에 나타난 두꺼비와 뱀의 역할

양서류에 속하는 두꺼비와 파충류에 속하는 뱀은 니브흐족 신화에 빈번하게 등장한다. 이때 두꺼비와 뱀은 신화에서 중요한 역할을 한다.

[자료 1]

옛날에 한 사람이 아내와 함께 살고 있었다. 오랫동안 두 사람 사이에 아이가 없었다. 그의 아내가 꿈에서 여우로 변한 '숲의 사람'을 보았다. '숲의 사람'은 그의 아내와 성교(性交)하기 위해 왔었다. 얼마 후에 그의 아내는 여자아이를 낳았고, 또 얼마 후에 여자아이를 낳았다. 여자아이들은 성장한 후에 열매를 따기 위해 자주 숲으로 갔다. 어느 날 아버지가 잠자는 두 딸의 옷을 들어 올리자 다리사이에서 두꺼비와 도마뱀이 기어 나왔다. 얼마 후에 두 딸은 임신하였다. 아버지는 썰매를 가지고 딸들과 함께 높은 산으로 올라갔다. 거기서 아버지는 두 딸의 팔다리를 썰매에 묶은 다음 산 아래로 밀었다. 미끄러지던 썰매가 나무에 충돌한 후 두 딸은 죽었다. 두 딸의 찢어진 배에서 두꺼비와 도마뱀의 새끼가 많이 기어 나왔다. 이때부터 어떤 부모로부터 자매들이 태어나면, 두꺼비와 도마뱀은 이 부족의 여성들과 성교하려고 하였다.[4]

---

4) А. Б. Островский, Мифология и Верования Нивхов, Санкт-Петербург, 1997, p.147에서 재인용.

[자료 2]

남자와 여자가 함께 살고 있었다. 언젠가 여자가 남자에게 물었다. "당신은 어떤 여자를 원하십니까? 동물을 만들 수 있기를 바랍니까, 아니면 동물로 변할 수 있기를 바랍니까?" 그는, 그녀가 땅 위를 돌아다니는 동물로 변할 수 있는지를 알고 싶어 했다. 그녀는 밖으로 나갔다가 여우로 변신하여 다시 들어왔다. 날이 어두워지자 침상에서 소음이 들렸다. 두꺼비와 개구리 소리만 들리고 그녀는 보이지 않았다. 그는 매우 놀랐다. 다음날 그는 누이를 불렀다. 누이는 그녀에게 이름을 물었지만, 그녀는 자신의 이름을 모른다고 대답했다. 누이는, 그녀가 여러 동물로 변신한 것을 이미 보았다고 그녀를 비난했다. 언젠가 그녀는 여자-개구리로, 그 다음에 여자-두꺼비로, 세 번째로 여우로 변신한 적이 있었다. 누이가 비난하자 그녀는 평범한 여자가 되겠다고 약속했다. 그녀는 여우 소리와 두꺼비 소리를 차례로 외친 다음 사라졌다. 거기에는 두꺼비 가죽과 개구리 가죽만 남았다.[5]

[자료 1]의 전반부에서는 여자와 여우(포유류)의 동거 상황이 언급되고, 후반부에서는 여자와 두꺼비(양서류)·도마뱀(파충류)의 동거 상황이 언급된다. 전자에서는 동거의 결과 사람이 태어난다. 그러나 후자에서는 동거의 결과 사람이 아닌 두꺼비와 도마뱀 새끼들이 태어난다.

시베리아 여러 민족들의 곰 신화에서 볼 수 있는 것처럼 사람과 곰의 동거에서는 사람이 태어날 수 있다. 사람과 곰은 모두 포유류에 속한다. [자료 1]의 전반부

---

5) Ibid., p.148에서 재인용.

에서 언급된 사람과 여우의 동거 결과도 이와 무관하지 않다. 그러나 후반부에서 언급된 사람과 두꺼비·도마뱀의 동거는 포유류와 양서류·파충류의 동거다. 그 결과로 사람이 태어나지 않는다.

니브흐족은 여우, 두꺼비, 뱀, 도마뱀을 다같이 '숲/산의 거주자'로 간주한다.[6] 그러나 동거의 결과가 다른 것은 포유류/양서류·파충류와 같이 <류(類)>에 대한 인식의 차이에서 기인한다. 여우는 사람과 같은 포유류에 속하고, 두꺼비¶도마뱀은 양서류·파충류에 속하기 때문에 사람과 두꺼비·도마뱀의 동거와 달리 사람과 여우의 동거에서는 사람이 태어날 수 있었던 것이다.[7]

이런 점은 [자료 2]에서도 나타난다. 여자는 여우와 두꺼비, 그리고 개구리 등 여러 동물로 변신하였지만, 최종적으로 그녀가 사라진 곳에는 두꺼비와 개구리 가죽만 남았다. 이것은 결국 그녀가 두꺼비와 개구리의 속성을 지니고 있음을 말해 준다. 이런 속성을 지닌 여자와 남자 사이에서 사람은 태어나지 않는다. 이 결과는, 사람과 두꺼비·개구리가 서로 다른 <류>에 속해 있다는 사실에서 기인한다.

[자료 3]

어느 날 숲에서 돌아온 사냥꾼은 집에서 들려오는 대화를 우연히 듣게 되었다. 그는, 어떤 젊은이가 자신의 아내와 성 행위를 하고 있는 것을 집 벽의 구멍을 통해서 보았다. 화가 난 그는 구멍을 통해 젊은이에게 활을 쏘았다. 젊은이는 화살을 맞고 일어서지 못했다. 잠시 후 뱀의 반쪽이 마

---

6) Ibid., p.148.

7) 우리나라 이물교구설화 가운데 사람과 뱀의 교구(交媾)에 의해 사람이 태어나는 이야기들이 있다. 물론 이런 이야기에는 사람과 뱀의 교구에 의해서도 사람이 태어나지 않는 이야기와 마찬가지로 사람과 동물을 동일시하는 원시적인 사고가 반영되어 있다. 그러나 인간기원론적인 측면에서 볼 때 사람과 뱀의 교구를 통해 사람이 태어날 수 없다는 사고는 사람이 태어날 수 있다는 사고보다 후대적인 것이다. 후자는, 사람과 뱀이 다른 <류>에 속한다는 것을 인식하고 난 뒤의 사고라고 할 수 있기 때문이다.

루에 굴렀고, 다른 반쪽은 그의 아내 성기 구멍에서 기어 나왔다. 그는 아내도 죽였다. 1~2년 후에 사람들은 높은 절벽 옆을 지나가다가 아기를 팔에 안고 있는 여자를 보았다. 사람들은, 죽은 사냥꾼의 아내의 영혼이 사람-뱀에게 갔다고 말했다. 그 후부터 사람들은, 자신들이 이 뱀과 친척관계에 있다고 생각했다.[8]

[자료 3]에서는 여자와 뱀의 성적인 접촉이 언급된다. 그 결과 사람이 태어난다. 여기에는 자신들과 뱀이 친척관계에 있다는 니브흐족의 생각처럼 토테미즘적인 관념의 특성이 반영되어 있기도 하다. 물론 사람의 탄생은 현실세계가 아니라 영혼세계에서 일어난 것이다. 그러나 비록 영혼세계에서 일어난 일일지라도 죽은 여자는 뱀과의 성적인 접촉을 통해 아기를 낳았다. 사람과 뱀 사이에서 사람이 태어난 것이다. [자료 3]의 결과는 [자료 1], [자료 2]의 결과와 다르다. 그것은 사람과 동물의 완전한 동일시 또는 <류>의 차이에 대한 인식에서 비롯된 것으로 보인다.

[자료 1]과 [자료 2]에서는 각각 사람과 도마뱀·두꺼비, 두꺼비·개구리 사이에서 사람이 태어나지 않지만, [자료 3]에서는 사람과 뱀 사이에서 사람이 태어난다. 사람과 파충류 또는 양서류 사이에서 사람이 태어나기도 하고 또 그렇지 않기도 한 셈이다. 그러나 어느 경우이든 뱀·도마뱀과 두꺼비·개구리는 동일한 속성을 지니고 있다. 그 동물들은 하나같이 사람과의 성적인 접촉을 꾀하고 있기 때문이다. 그 결과는 곧 생명의 잉태 또는 생명의 탄생으로 이어진다. 이런 점에서 뱀·도마뱀과 두꺼비·개구리는 풍요, 다산, 재생, 생명의 상징성을 지닌 '달 동물'(lunar animal)이다.[9] 따라서 니브흐족 신화에 등장하는 뱀과 두꺼비는 '달 동물'이 지닌

---

8) A. Б. Островский, op. cit., p.154.

9) M. Eliade, 이은봉 역, 『종교형태론』, 형설출판사, 1979, 183-190면.

상징성과 밀접히 관련되어 있다.

2) 신앙에 나타난 두꺼비와 뱀의 역할

두꺼비와 뱀은 니브흐족의 신상에 반영된 신앙에서 부정적인 역할을 한다. 치료-주술적인 목적을 지닌 신상에서 알 수 있는 것처럼 두꺼비와 뱀 형상은 질병을 야기하는 질병령으로 간주된다. 특히, 니브흐족은 사람에게 해를 끼치는 사악한 존재를 '밀크'(милк)라고 부른다. 이런 존재는 두꺼비나 뱀 또는 도마뱀의 모습으로 나타나기도 한다.[10]

니브흐족은 보통의 두꺼비를 '미쩨츠'(мипич)라고 부르고, 두 개의 몸통과 사지를 가진 두꺼비를 '바쁘-미쩨츠'(вап-мипич)라고 부른다. '바쁘-미쩨츠'는 사악한 존재다. 니브흐족은 뱀도 두꺼비와 유사한 동물로 생각한다. '바쁘-미쩨츠'는 잠자는 사람에게 몰래 다가와서 그의 입으로 들어가 가슴과 위로 침입한다. 그러면 그는 병에 걸려 죽게 된다.[11]

[그림 1]은 등에 두꺼비 형상이 새겨져 있는 여성 신상이다. 이때 두꺼비는 사람에게 해를 끼치는 '밀크'로서 등 질병을 야기하는 질병령이다.[12]

[그림 2]는 왼쪽 가슴에 두꺼비가 새겨진 '산의 여주인' 신상이다. 이것은 '빨 밀크'(пал милк)라고 불리는데, 사람에게 해를 끼치는 존재다. 니브흐족은, 이 존재가 어린아이의 울음을 그치게 할 수 있다고 믿는다.[13]

---

10) Л. Я. Штернберг, op. cit., pp.72-73.

11) Л. И. Шренк, Об Инородцах Амурского Края, Том. 3, Санкт-Петербург, 1903, p.122.

12) А. Б. Островский, op. cit., p.159.

13) Ibid., p.160.

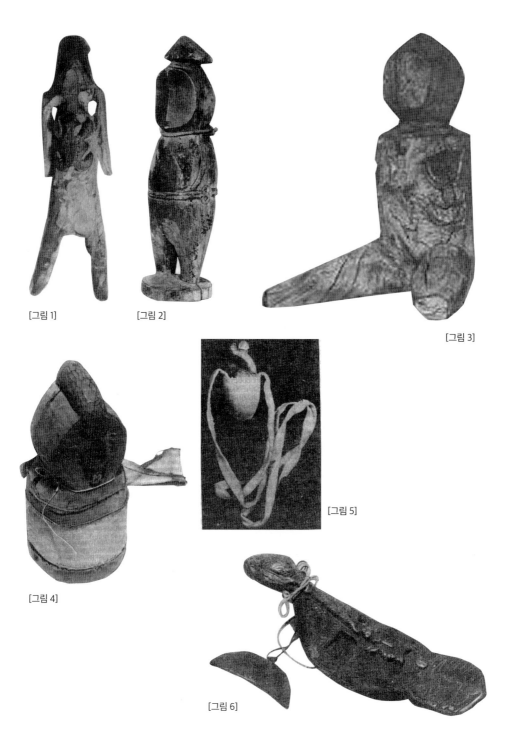

[그림 1]

[그림 2]

[그림 3]

[그림 4]

[그림 5]

[그림 6]

[그림 3]은 앉아 있는 여성 인물 조상이다. 오른쪽 눈은 왼쪽 눈보다 위에 있다. 이 같은 눈의 비대칭은 '밀크'의 특성을 나타낸다. 왼쪽 옆구리 아래에 두꺼비 두 마리가 새겨져 있는데, 교미하는 행위의 형상이다. 니브흐족의 관념에 의하면 두꺼비의 교미는 광기의 원인으로 간주된다. 따라서 이것은 광기를 야기하는 질병령이다.[14]

[그림 4]는 사람 모습의 조상이다. 목덜미에는 뱀 몸통이 새겨져 있고, 머리에는 뱀 머리가 이마, 코, 입을 덮고 있다.[15] 이것은 머리 질병을 야기하는 질병령이다.[16]

[그림 5]는 심장 형상의 조상이다. 그 형상 위에 뱀 머리가 새겨져 있다. 이것은 심장병을 야기하는 질병령이다.[17]

[그림 6]은 등에 두꺼비와 뱀이 새겨져 있는 새 모습의 조상이다. 이것은 질병령인 두꺼비와 뱀을 다른 곳으로 보내는 '바다의 홀레론'(холерон) 또는 '산의 홀레론'이다.[18]

이상의 신상 자료에서 알 수 있는 것처럼 뱀과 두꺼비 등의 양서류는 니브흐족에게 해로운 특성을 지니고 있다. 그 특성은 니브흐족의 신앙에서 각종 질병을 일으키는 질병령으로 구체화되어 나타난다. 이 점은 신화에서 나타나는 두꺼비와 뱀의 특성과는 매우 다르다.

---

14) Ibid., p.162.

15) 니브흐족은, 도마뱀이 사람의 머리로 기어 들어가면 머리에 질병이 발생한다고 믿는다. 두꺼비·뱀과 마찬가지로 도마뱀도 질병령으로 간주되고 있는 셈이다.
   Л. И. Шренк, op. cit., p.122.

16) А. Б. Островский, op. cit., p.167.

17) Ibid., p.168.

18) Ibid., p.249.

3) 의례에 나타난 두꺼비와 뱀의 역할

아무르강 유역에 거주하는 니브흐족의 곰 의례 절차는 대체로 세 단계로 구성된다.[19]

[첫째 단계]

의례가 거행되는 집의 장식/집 밖에서의 놀이/사슬로 묶어둔 세 마리 곰 집 안에 전시/집 안에서의 놀이/의례의 주요한 놀이-곰과 함께 마을의 모든 집 순회하는 행진/남성들과 여성들의 의례 용품 준비/곰과 행진 계속/죽은 곰 머리와 가죽을 보관하는 구조물['레즈끄'(лэзнг)] 건축/여성들이 두드리는 통나무 소리와 함께 개 경주/곰과 함께 새롭게 마을 순회/저녁에 통나무 소리와 함께 곰 행렬이 강가에서 돌아옴/곰 행렬이 돌아올 때 모든 놀이 중지, 돌아온 후 늦은 밤까지 놀이 계속/의례 음식 요리/곰을 살해할 장소로 곰 인도, 두 명의 곰 주인 가운데 한 사람의 공식적인 점심 접대, 개 경주/곰 살해를 위한 의례 준비, 곰 행렬이 다시 강가로 갔다가 돌아옴, 곰 살해, 받침대 위에 곰 사체를 놓음/곰 가죽과 몸통 분리, 곰 머리와 가죽을 '레즈끄'에 보관

[둘째 단계]

두 명의 곰 주인 집에 곰 머리와 가죽 전시, 니브흐족 옷을 입은 곰 형상과 두꺼비 형상 준비/곰 고기의 의례적인 준비, 개 경주/특별한 의례 용기/곰 고기 삶기, 음식을 요리할 때 소금 사용 금지, 의례 주인이 개를 타고 감/오랫동안 의례 음식 준비, 개 경주/곰 머리에 앞면 가리개 씌움/두 명의 곰 주인 집에서 음식 접대/의

---

19) Л. И. Шренк, op. cit., pp. VII-VIII.

례 동안 처음으로 곰 고기 먹기/통나무 소리에 맞추어 여성들의 춤추기

[셋째 단계]

곰 머리뼈를 부순 다음 다른 뼈와 함께 매장

곰 의례 둘째 단계에서 '레즌끄'에 보관되어 있던 곰 머리를 곰 주인 집으로 가지고 온다. 이때 입구의 문이 아니라 창문을 통해 곰 머리를 집 안으로 떨어뜨린다. 우선 곰을 아궁이로 가져가 약간 따뜻하게 한 후에 침상의 상석(上席)에 놓는다. 그 다음에 곧바로 곰 머리를 떨어뜨린 창문에 자작나무 껍질로 조각한 두꺼비 형상을 붙인다. 그리고 곰 머리를 떨어뜨린 창문 밑 침상의 상석에는 니브흐족 옷을 입은 곰 형상을 놓아둔다.[20)]

[그림 7]은 두꺼비 형상물이고, [그림 8]은 곰 머리를 가진 사람 모습의 신상이다. 허리띠 앞 중앙에는 두꺼비가 뚜렷하게 새겨져 있고, 뒤 중앙에는 역시 두꺼비와 그 두꺼비를 향해 있는 두 마리 뱀이 새겨져 있다.

니브흐족은 곰 의례를 통해 죽은 곰의 영혼을 '산/숲의 주인'에게로 돌려보내고자 한다. 이때 그들은 죽은 곰의 영혼을 통해 '산/숲의 주인'에게 각종 선물을 전달한다. 그러면 '산/숲의 주인'이 또다시 그들에게 많은 동물을 보내줄 것이라고 믿는다. 따라서 곰 의례의 주된 목적은 죽은 곰의 영혼을 '산/숲의 세계'로 돌려보냄으로써 '산/숲의 주인'에게 그들의 무사·안녕·풍요를 기원하는 데 있다.

이 같은 곰 의례의 목적을 통해서 창문에 붙이는 두꺼비 형상과 니브흐족 옷을 입은 곰 형상에 새겨진 두꺼비와 뱀의 의례적인 역할을 짐작할 수 있다. 곰 의례 절차의 첫째 단계에서 곰 살해가 이루어진다. 그 후 죽은 곰의 영혼은 곰의 몸통

---

20) Ibid., pp.81-82.

[그림 7][21)]   [그림 8][22)]

에서 자유롭게 된다. 이때 두꺼비와 뱀 형상이 등장한다. 따라서 곰 의례의 목적과 절차를 생각하면, 두꺼비와 뱀 형상은 죽은 곰의 영혼을 '산/숲의 세계'로 인도하는 것과 관련되어 있다. 두꺼비와 뱀에 의해 '산/숲의 세계'로 돌아간 곰의 영혼은 '산/숲의 주인'에 의해 다시 니브흐족에게로 돌아올 수 있는 것이다. 곰 의례 절차에서 죽은 곰의 영혼 인도가 이루어진 다음에야 비로소 곰 고기 먹기가 가능한 것도 이 때문이다. 특히, [그림 8]에서 알 수 있는 것처럼 곰의 허리에 새겨진 두꺼비와 뱀 형상은 '산/숲의 사람'인 곰을 '산/숲의 세계'로 인도하고 있는 의미를 잘 보여주고 있다.

---

21) Ibid., p.82.
22) Ibid., [표 LVIII-1]

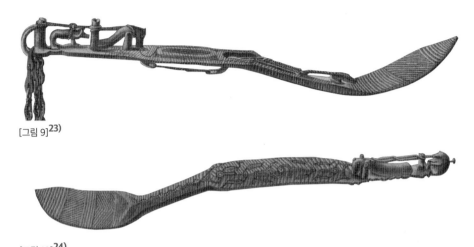

[그림 9][23]

[그림 10][24]

　[그림 9]와 [그림 10]은 곰 의례 때 사용하는 의례용 숟가락이다. 여기에 곰과 함께 두꺼비와 뱀 형상이 조각되어 있다. [그림 9]에서 왼쪽의 곰 의례 기둥에 곰과 곰 머리가 묶여 있다. 이것은 곰 의례 기둥에 묶인 곰을 살해한 다음 곰 머리를 분리한 것을 형상화한 것이다. 또 살해되기 전의 곰과 살해된 곰 머리는 줄로 오른쪽의 두꺼비와 연결되어 있다.

　이 같은 상황은 [그림 10]에서도 마찬가지로 나타난다. 오른쪽의 곰 의례 기둥에 곰이 묶여 있다. 왼쪽에는 의례에서 살해된 곰의 머리가 놓여 있다. 가운데는 살해된 곰의 몸통이 놓여 있다. 그리고 살해되기 전의 곰과 살해된 곰 머리는 두 가닥으로 꼬인 뱀 몸통으로 연결되어 있다. [그림 9]와 [그림 10]의 의례용 숟가락의 조형물에서 알 수 있는 것처럼 두꺼비와 뱀은 '땅의 세계'와 '산/숲의 세계'를 이어주는 매개자 구실을 한다. [그림 9]와 [그림 10]의 조형물은, 두꺼비와 뱀이 죽은

---

23) Ibid., [표 L I -6]
24) Ibid., [표 L II -5]

[그림 11][26]

곰의 영혼을 '산/숲의 세계'로 인도하는 것을 보여주고 있기 때문이다.

두꺼비와 뱀이 영혼 인도와 관련되어 있다는 것은 니브흐족 샤머니즘에서도 보인다.[25]

[그림 11]은 샤먼이 굿을 할 때 향을 피우는 제단이다. 탁자 다리 두 개에는 두꺼비가 새겨져 있고, 한 개에는 도마뱀이 새겨져 있다. 또 밑에서 두 번째 단에는 나무로 만든 띠 끝에 뱀 머리가 서로 마주보고 있다. 그리고 샤먼의 북 안쪽에는 순록, 강치, 사슴 등과 함께 뱀 형상이 붙어 있다.[27] 여기서 보이는 두꺼비와 뱀은, 샤먼의 타계여행과 관련된 보조령 동물들이다. 두꺼비와 뱀은, 샤먼이 굿을 할 동안 타계와 통교하는 수단인 셈이다.

두꺼비와 뱀이 갖는 이런 상징성은 시베리아 샤머니즘에서 매우 일반적으로 나타

---

25) 니브흐족과 문화적으로 또 지리적으로 인접한 울치족의 샤머니즘에서도 볼 수 있다. 울치족 샤먼의 의상에 새겨진 두꺼비와 뱀은 샤먼의 타계여행과 관련된 보조령 동물들이다.(Н. В. Кочешков, Декоративное Искусство Народов Нижнего Амура и Сахалина, Санкт-Петербург, 1995, p.54.)
그리고 시베리아 셀쿱족, 텔레우트족, 나나이족의 샤먼 북에도 뱀, 도마뱀, 두꺼비 또는 개구리 등의 파충류와 양서류가 등장한다.(M. Jankovics, "Cosmic Modeels and Siberian Shaman Drums", M. Hoppál ed., *Shamanism in Eurasia*, Part 1, Göttingen, 1984, p.165, p.166, p.169.)

26) Л. И. Шренк, op. cit., [표 LXI-3]

27) Č. M. Taksami, "The Story of a Nivhki Shamaness as Told by Herself", V. Diószegi and M. M. Hoppál ed., *Shamanism in Siberia*, Budapest, 1978, p.313.

나는 것이다.

한편, '산/숲의 주인'에게 제물을 바치는 의례에서도 머루, 시베리아 나리와 함께 뱀 가죽이 등장한다. 그 의례에서 뱀 가죽과 머루, 그리고 나리는 '산/숲의 주인'에게 바치는 제물이다.[28] 이런 제물들은 '산/숲의 주인' 또는 '산/숲의 세계'와의 통교 수단으로서 역할을 다하고 있다. 뱀은 '산/숲의 세계'의 거주자고, 머루와 나리는 '산/숲의 세계'에서 자라는 식물이기 때문이다.

그러나 뱀 가죽이 그 자체로서만 '산/숲의 주인'과의 통교 수단인 것은 아니다. 뱀 가죽은 머루, 나리와 어울려서 '산/숲의 주인'과의 통교 수단으로 인식된다. 이런 점은 사할린 섬에서 거행되는 곰 의례에서 확인할 수 있다. 곰 의례를 거행하기 전날 밤에 머루와 나리로 만든 <곰 형상>을 곰 주인 집 아궁이에서 태운다. 이 의례적인 행위의 상징적인 의미는 앞으로 거행할 곰 의례를 사전에 '산/숲의 주인'에게 통보하는 것이다.[29]

또 본격적으로 거행되는 곰 의례에서 머루는 '산/숲의 주인'에게 바치는 중요하고 필수적인 제물이다. 곰 의례에서 머루는 의례적인 제물로 죽은 곰에게 제공된다. 곰을 살해한 후에 곰 머리를 집 안으로 가지고 들어간다. 그 후 건어(乾魚), 건조시킨 어란(魚卵), 담배, 그리고 다른 식료품을 곰 머리 앞에 놓는다. 니브흐족은, 죽은 곰의 영혼이 그 선물들을 가지고 '산/숲의 주인'에게로 간다고 믿는다. 죽은 곰의 영혼을 '산/숲의 주인'에게로 보내는 의례를 마친 후에는 나리와 함께 머루를 창고에 걸려 있는 곰 머리뼈 앞에 놓아둔다. 이것 또한 '산/숲의 주인'에게 바치는 제물들이다.[30] 따라서 '산/숲의 주인'에게 제물을 바치는 의례와 곰 의례에서 뱀

---

28) A. Б. Островский, op. cit., p.154에서 재인용.

29) Е. А. Крейнович, Нивхгу, Москва, 1973, p.185.

30) Ibid., pp.131-132.

가죽은 머루, 나리와 함께 '산/숲의 주인' 또는 '산/숲의 세계'와의 통교 수단으로서 역할을 다하고 있다.

3. 니브흐족의 세계관과 두꺼비·뱀

두꺼비·뱀과 관련된 니브흐족의 세계관은 부족의 기원, 우주의 구성, 질병과 죽음, 그리고 곰 의례에 대한 그들의 관념에서 확인할 수 있다.

우선 니브흐족 신화에서 두꺼비와 뱀은 부족의 기원과 관련되어 있다. [자료 1]과 [자료 2], 그리고 [자료 3]에 사람과 두꺼비·뱀의 동거에 대한 모티프가 나타난다. 특히, [자료 3]에서는 토테미즘적인 관념의 특성도 보인다. 니브흐족과 뱀의 친척관계가 언급되고 있기 때문이다. 현재에도 사할린 섬에 거주하는 니브흐족은 자신들의 기원을 뱀이라고 생각하고 있다. 그들은, 자신의 부족이 뱀에서 태어난 여자아이에서 시작되었다고 생각한다.[31] 따라서 니브흐족의 신화에서는 두꺼비와 뱀이 토템으로 인식되고 있다.

니브흐족의 관념에 따르면, 우주는 '지상의 세계'('땅의 세계', '물의 세계', '산/숲의 세계'), '지하의 세계', 그리고 '하늘의 세계'로 구성된다.[32] 이때 두꺼비와 뱀은 '산/숲의 세계'에 거주하는 사람으로 간주된다. 물론 곰도 '산/숲의 세계'에 거주하는 사람으로 간주되기는 마찬가지다. 이러한 두꺼비와 뱀은 니브흐족 곰 의례에서 죽은 곰의 영혼을 '산/숲의 세계'로 데려가 '산/숲의 주인'에게 인도하는 역할

---

31) А. Б. Островский, op. cit., p.154.

32) Ч. М. Таксами, "Представления о Природе и Человеке у Нивхов", И. С. Вдовин ed., Природа и Человек в Религиозных Представления Народов Сибири и Севера, Ленинград, 1976, p.203.

을 한다. 두꺼비와 뱀은 니브흐족이 사는 '땅의 세계'와 '산/숲의 세계' 사이의 매개자 역할을 하는 셈이다. 따라서 우주 구성과 관련하여 두꺼비와 뱀은 니브흐족 및 곰과 아울러 '땅의 세계'와 '산/숲의 세계'에 걸친 이원적인 세계관을 형성한다고 할 수 있다. 두꺼비나 뱀과 관련된 이원적인 세계관은 니브흐족의 신화에서도 엿보인다.

니브흐족은, 질병을 일으키는 질병령이 사람의 몸속에 침입하면 질병이 발생한다고 생각한다. 따라서 질병을 치료하기 위해서는 몸속에 침입한 질병령을 내쫓아야 한다. 이런 관념은 니브흐족의 신상에 잘 형상화되어 있다. 신상에 새겨진 두꺼비와 뱀은 질병을 일으키는 질병령들이다. 사람 형상이나 사람의 기관 형상에 새겨진 두꺼비와 뱀은 곧 그 신체 부위에 질병이 발생했다는 것을 의미한다. 이럴 경우 그러한 신상은 몸속에 침입한 질병령을 몸 밖으로 내쫓았다는 것을 형상화하고 있다. 그럼으로써 질병은 치료된다.

그리고 니브흐족은 사람의 죽음을 두 가지로 설명한다. 하나는 자연적인 죽음이고, 다른 하나는 사악한 존재에 의한 죽음이다. 사악한 존재 '밀크'는 니브흐족의 영혼을 훔칠 수 있다.[33] 종종 두꺼비와 뱀 또는 도마뱀의 모습으로 나타나는 '밀크'는 사람의 영혼을 훔쳐 다른 곳으로 데리고 간다. 이 같은 영혼 상실은 곧 죽음을 의미한다.[34] 이런 이유로 영혼은 '밀크'를 무서워하고 피한다.

곰 의례에는 자연계와 문화계 사이의 상동관계, 또는 유사관계를 바탕으로 하는

---

33) Л. Я. Штернберг, op. cit., p.330.

34) 시베리아 샤머니즘에서 일반적으로 사람의 질병은 영혼의 일시적 상실 또는 질병령의 몸속 침입에서 야기되고, 죽음은 영혼의 영구적 상실에서 야기된다. 특히, 질병이 질병령의 몸속 침입에 의해 야기된다는 관념은 동·중앙·동북시베리아에서 가장 전형적으로 나타난다.
Uno Holmberg, *The Mythology of All Races*, IV, New York, 1964, pp.472-482.

은유적인 토테미즘의 세계관이 반영되어 있다.[35] 즉, 죽음과 재탄생에 대한 관념과 관련하여 사람과 동물 사이에 유사성이 존재한다.

사람의 영혼에는 두 종류가 있다. 하나는 '큰 영혼'이고, 다른 하나는 '작은 영혼'이다. '큰 영혼'은 그 크기가 사람의 몸과 동일하고, 사람이 살아 있을 때 모든 기관에 자리잡고 있다. '작은 영혼'은 '큰 영혼'의 머리에 자리잡고 있다. '큰 영혼'이 죽은 후에 '작은 영혼'은 '큰 영혼'으로 변하여 저승세계 '므일 바'(мыл во)로 간다. 그 곳에서 일정 기간이 경과한 후에 다시 지상세계에 사람으로 태어난다.[36]

곰 의례에서 보이는 곰의 죽음과 재탄생에 대한 관념도 사람의 그것에 대한 관념과 비슷하다. 곰 의례에서 살해된 곰의 영혼[37]은 두꺼비나 뱀에 의해 자신들의 원래 세계인 '산/숲의 세계'로 인도된다. 그 곳에서 일정 기간이 경과한 후에 곰은 '산/숲의 주인'에 의해 다시 지상세계로 보내진다. 이처럼 사람과 동물 사이의 은유적인 유사성에 기초한 토테미즘적인 세계관이 곰 의례에 투영되어 있다. 니브흐족이 곰과 두꺼비 그리고 뱀을 '산/숲의 사람'으로 간주하는 것도 이러한 세계관과 무관하지 않다.

---

35) C. Lévi-Strauss, *The Savage Mind*, The Univ. of Chicago Press, 1966, p.225.

36) Л. Я. Штернберг, op. cit., p.78.

37) Шренк는 심지어 '산/숲의 세계'로 가는 죽은 곰의 영혼을 곰 머리에 자리잡고 있던 '작은 영혼'으로 생각한다.
Л. И. Шренк, op. cit., p.143.

제 3 장

코략족 신화론

Ⅰ. 코략족 까마귀신화에 나타난 혼인풍속의 양상과 의미

1. 코략족 신화 속의 까마귀 위상

코략족은 까마귀를 '큰-까마귀'(Big-Raven)를 의미하는 '쿠이키냐쿠'(Quikinna′qu)로 부른다. 이 같은 까마귀는 코략족의 민간전승에서 뿐만 아니라 그들의 종교적인 삶에서 매우 중요한 기능을 한다.[1] 그만큼 까마귀는 코략족의 일상적인 삶과

---

1) W. Jochelson, *The Koryak: Religion and Myths, The Jesup North Pacific Expedition*, Vol. Ⅵ, Leiden and New York, 1908, p118.

불가분의 관계를 맺고 있는 동물이라고 할 수 있다. 이런 까닭으로 까마귀는 코랴족의 신화에서 다양한 위상을 차지한다.

1) 변형자 또는 조정자

[자료 1]

사람-까마귀 '벨빔틸르인'(Вэлвимтилын)이 해를 삼켜 버렸다. 그러자 눈보라가 몰아쳤다. '쿠이키냐쿠'의 아들 '에멤쿠트'(Эмэмкут)가 자신의 딸 '클류케네브이트'(Клюкэнэвыт)에게 '벨 빔틸르인'을 데려오도록 했다. 그녀가 '벨빔틸르인'을 데려오지 못하자 그는 자신의 딸 '이니아나브이트'(Инианавыт)에게 그 일을 시켰다. '벨빔틸르인'은 그녀를 만나자 기뻐 큰 소리로 웃으면서 해를 내뱉었다. 그러자 눈보라가 그치면서 하늘이 맑게 개었다. 그녀는 '벨빔틸르인'과 함께 '에멤쿠트'에게 돌아가려고 할 때 날카로운 막대기로 그를 찔렀다. 이때부터 '벨빔틸르인'이 해를 삼키지 못하게 되자 눈보라가 일어나지 않으면서 하늘이 항상 맑았다.[2]

[자료 2]

'큰-까마귀'인 '쿠트퀴냐쿠'(Kutqinna'qu)는 배가 고팠다. 이때 바닷게 아비가 그를 집으로 데려가 마른 고기를 주면서 물은 주지 않았다. 그는 목이 말라 한밤중에 일어나 사람들을 찾았지만 아무도 대답하지 않았다. 그는 물통에 물이 없는 것을 확인하고 강으로 달려갔다. 그러나 강에

---

2) Г. А. Меновщикова, Сказки и Мифы Народов Чукотки и Камчатки, Москва, 1974, pp.418-419.

물은 없고 마른 돌만 있었다. 그는 돌아와 물을 주는 사람에게 자신의 딸 '위네아네우트'(Yiṅe'aṅe'ut))를 주겠다고 말했다. 바닷게는 다른 딸을 줄 것을 요구했다. 그는 바닷게에게 자신의 딸 '아냐룩차나우트'(An·a' rukčaṅa'ut)를 주겠다고 약속했다. 바닷게는 그에게 마실 물을 주었다. 그는 갈증을 해소한 다음 강으로 가서 모든 강물도 마셔 버렸다. 그는 집으로 돌아온 후 마신 물을 토해 강을 만들었다.[3]

코랴족은 '큰-까마귀'를 '창조자'(Creator) '테난토므완'(Tenanto'mwan) 또는 '쿠이키냐쿠', '쿠트퀴냐쿠'와 동일시한다.[4] 그러나 '큰-까마귀'는 세계의 창조자이기보다는 오히려 세계의 변형자 또는 조정자로 나타난다. 세계의 모든 것은 그가 나타나기 이전부터 이미 존재했기 때문이다. 그의 창조 행위는 지금까지 숨겨져 있던 것을 드러내고, 어떤 것을 다른 것으로 바꾸는 데 있다. [자료 1]에서 '큰-까마귀'의 손녀 '이니아나브이트'가 해를 창조하기보다는 사라진 해를 되찾아 본래의 자리에 돌려놓고, [자료 2]에서 '큰-까마귀' '쿠트퀴냐쿠'가 최초로 강을 만들기보다는 어떤 하나의 강을 다른 강으로 바꾸어놓는 사실에서 세계의 변형자 또는 조정자로서의 '큰-까마귀' 위상을 확인할 수 있다.

2) 최초의 조상

[자료 3]

창조자 '테난토므완'은 아버지 '토무겔'(Tomwo'get), 어머니 '하나'와 함께 살고 있었다. 어느 여름에 '토무겔'은 마을사람들과 함께 고래를 잡

---

3) W. Jochelson, op. cit., pp.311-312.
4) Ibid., p.17.

아 그 고기를 나누었다. 가을에 '토무겔'은 고래축제를 거행했다. 그러나 죽은 고래가 집으로 돌아가기를 원하지 않아 그는 고래를 집으로 돌려보낼 수 없었다. 그는 앞으로 죽게 될 것이라고 예언하면서 집에 '테난토므완'을 혼자 남겨두고 아내와 함께 멀리 떠났다. 그때 '토무겔'은 '테난토므완'에게 활과 화살을 주었다. 바로 그때 새벽-사람 '기틸릴란'(Gi'thililan) 역시 고래를 집으로 돌려보낼 수 없어서 딸 '미티'(Miti')를 집에 홀로 남겨두고 떠났다. 그때 '기틸릴란'은 마멋[다람쥣과의 설치동물]과 함께 올가미를 딸에게 주었다. 어느 날 '테난토므완'이 사냥을 나갔다가 '미티'를 만났다. 그들은, 서로 자신들이 지상에 남은 유일한 남자와 여자라고 말하면서 혼인했다. 얼마 후 그들은 아들 '에멤쿠트'와 딸 '위네아네우트'를 낳았다. 코랴족은 그들의 후손이다.(후략)[5]

코랴족의 민간전승에서 '큰-까마귀'는 최초의 조상이다. 그들은 까마귀를 '아치체냐쿠'(Ачиченяку), 즉 '큰-할아버지'라고 부른다. 이런 명칭은 후손을 보호하는 직접적인 조상 그리고 최초의 마을주민을 의미하는 '할아버지' 숭배와 관련된다.[6] 따라서 까마귀는 범민족적인 '최초의 조상'으로 간주된다. [자료 3]에서 지상에 남은 유일한 남자와 여자인 '테난토므완'과 '미티'의 혼인을 통해 코랴족의 후손이 태어났다는 것은 곧 까마귀가 그들의 '최초의 조상'이라는 것을 의미한다.

3) 문화영웅

[자료 4]

---

5) Ibid., pp.159-161.

6) Е. М. Мелетинский, Палеоазиатский Мифологический Эпос, Москва, 1979, p.39.

'에멤쿠트'는 항상 고래를 사냥하여 마을로 가져온 후 고래 축제를 거행하기 위해 이웃들을 불러 모았다. 그는 축제에 참석한 까치-여자와 까치-남자 그리고 까마귀-여자에게 춤을 추고 노래를 하라고 말했다. 춤과 노래가 끝나자 그는 배설하기 위해 밖으로 나갔다가 창고에 까치들이 앉아 있는 것을 보았다. 까치 가운데 한 마리가 "순록 배설물, 개 배설물!" 하면서 노래했다. '에멤쿠트'는 '우리가 언제 순록 배설물과 개 배설물을 먹었느냐? 거짓말하지 마라'고 소리쳤다. 그러자 까치는 무안해 하면서 멀리 날아가 버렸다. 그는 다시 집 안으로 들어갔다. 까마귀-여자는 '위네아네우트'가 개 가죽을 벗기는 것을 도왔다. '위네아네우트'가 잠시 자리를 비웠을 때 까마귀-여자는 재빠르게 개 눈 한 개를 쪼아먹었다. '위네아네우트'가 까마귀-여자에게 개 눈을 먹었느냐고 물었지만, 그녀는 그것을 먹지 않았다고 말했다. 그들은 개 가죽을 벗기고 집 안으로 들어갔다. 고래를 집으로 보내는 축제가 끝났다. 손님들은 고래 기름, 가죽, 그리고 고기를 가지고 집으로 돌아갔다. '에멤쿠트'는 계속 고래를 사냥했다.[7]

[자료 4]에 의하면 '큰-까마귀'의 아들 '에멤쿠트'는 고래 축제를 거행한다. 코랴족은 고래 축제와 더불어 바다표범 축제, 순록 축제 등도 거행한다. 이런 축제의 목적은 일련의 규칙을 준수하면서 죽은 동물의 영혼을 그들의 세계로 돌려보내는 데 있다. 이때 코랴족은 죽은 동물의 영혼을 성대하게 접대함으로써 그들이 새로운 육체를 얻어 다시 사람들의 세계로 돌아오기를 기원한다.[8] 이 같은 고래 축제를

---

7) W. Jochelson, op. cit., pp.265-266.

8) И. С. Гурвич, "Корякские Промысловые Праздники", Сибирский Этнографический Сборникб, IV, Москва, 1962, p.254.

'에멤쿠트'가 부족들을 대표하여 거행하고 있다는 사실에서 그의 문화영웅적인 위상을 확인할 수 있다. 이 외에도 사람들에게 바다동물과 물고기를 잡는 방법을 가르치고, 그들에게 북과 배를 주며 질병을 물리치는 주문(呪文)을 알려주는 데서도 까마귀의 문화영웅적인 위상이 나타난다.[9]

4) 트릭스터

[자료 5]

(전략) 어느 날 아침 창조자 '테난토므완'이 나무를 모으기 위해 해안가를 걷다가 연어를 발견하고 발로 찼다. 그러자 연어들은 늙은 남자와 여자로 변했고, 그는 젊은 여자로 변했다. '테난토므완'은 아들을 놀리고 싶어 했다. '에멤쿠트'와 그의 형제는 해안가로 가서 아버지를 찾아보았지만 결국 찾지 못하고 돌아왔다. 어느 날 '에멤쿠트'는 아버지를 찾으러 갔다가 한 움막 밖에 앉아 있던 젊은 여자를 보았다. 그녀는 '에멤쿠트'에게 그의 아버지가 장난을 치고 있다고 말해 주었다. 그는 접대를 받고 집으로 돌아와 어머니에게 그녀가 젊을 때의 아버지를 닮았다고 말했다. 다음 날 그는 그의 형제와 함께 다시 그녀의 움막으로 갔다. 거기서 동생 <큰 빛>은 움막 들보에 매달린 방울을 보았다. 그녀는 종을 만지지 못하게 한 다음 그들을 집으로 돌려보냈다. 다음 날 어머니는 젊은 여자로 변하여 아들들과 함께 남편이 있는 곳으로 갔다. 그녀는 손님들을 접대한 후에 '미티'에게 왜 왔느냐고 물었다. '미티'는 남편을 찾으러 왔다고 말했다. 그때 <큰 빛>은 들보에 매달린 두 개의 작은 방울과 바늘쌈을 흔들었

---

9) W. Jochelson, op. cit., p.22.

다. 그러나 그것이 아버지의 성기와 고환이라는 것을 알고 멈추었다. 그후 '미티'도, 그녀가 만지지 말라고 소리쳤지만 계속 만졌다. 결국 그의 목소리는 원래 목소리로 돌아왔고, 움막은 바위로 변했다. 늙은 사람 대신에 죽은 연어가 땅에 누워 있었고, '테난토므완'은 원래 모습으로 돌아왔다. 그들은 집으로 돌아와 이전처럼 살았다.[10]

[자료 5]에서 까마귀는 아들들을 놀리고 싶어 장난을 친다. 그 장난의 핵심은 변신이고 속임수다. 까마귀는 결국 변신과 속임수를 통해 아들들뿐만 아니라 자신의 아내를 놀리는 데 성공한다. 이때 까마귀는 장난스러운 변신 능력을 지니고 짓궂은 장난꾸러기라는 트릭스터의 위상을 보여준다.

이 같은 까마귀의 변신과 속임수는 샤머니즘적인 특징을 갖는다. 샤먼은 질병이나 죽음을 야기하는 사악한 정령과 싸울 때 변신을 하기도 하고 속임수를 사용하기 때문이다.[11] [자료 5]에서 보이는 까마귀의 변신과 속임수는 근본적으로 샤머니즘적인 특징과 맞닿아 있고, 까마귀는 샤먼의 위상을 가진 것으로도 간주된다.

5) 샤먼

[자료 6]

창조자 '테난토므완'은 주변에 '칼라우'(kalau)[사악한 정령]가 있어서 그의 아들들이 아프다고 생각했다. 그는 까마귀로 변신한 다음 '칼라우' 집으로 날아가 내일 자신의 집을 공격하여 가족들을 모두 죽이자는 그들의 말을 엿들었다. 그는 집으로 돌아와 다시 사람으로 변신하였다. 그는

---

10) Ibid., pp.193-196.

11) E. M. Мелетинский, op. cit., p.43.

다음 날 집으로 찾아온 '칼라우'들을 난로 위 대들보에 앉도록 한 다음 불을 세게 지폈다. '칼라우'들이 구워지기 시작하자, 그들은 이곳에 다시 돌아오지 않을 테니 놓아줄 것을 창조자에게 간청했다. 그러나 그는, 너희들은 사람 고기를 좋아하는데 왜 우리를 먹지 않느냐고 하면서 그들의 간청을 거절했다. '칼라우'들은 다른 '칼라우'들도 데리고 갈 테니 놓아줄 것을 다시 한 번 간청했다. 창조자의 아들들은 다른 '칼라우'들이 집 밖으로 나간 것을 확인한 다음 그들을 놓아주었다. 그들이 떠난 후 창조자의 아들들은 회복되었고 다시는 병에 걸리지 않았다.[12]

[자료 6]에서 '테난토므완'은 사악한 정령 '칼라우' 때문에 사람이 병에 걸린다는 것을 알아차린 후에 까마귀로 변신하여 사악한 정령의 말을 엿듣고, 또 속임수를 사용하여 '칼라우'들을 위기에 빠트린다. 이런 행위들은 샤머니즘적인 특징을 보여주는 전형적인 샤먼의 권능들이다. 그의 권능에 의해 '칼라우'들이 떠나고, 그 결과 병이 치료된다는 점에서 창조자 '테난토므완', 즉 까마귀는 샤먼의 위상을 갖고 있다.

6) 신(神)의 사자(使者)

'큰 까마귀'의 유래와 관련된 코랴족의 설명에 의하면, '최고의 존재'(The Supreme Being)가 일찍이 하늘에서 칼을 갈고 있었다. 그때 숫돌의 먼지가 지상에 떨어져 사람으로 변했는데 그가 곧 '큰 까마귀'다. 또 다른 설명에 의하면 '최고의 존재'가 '큰-까마귀'를 만든 다음 질서를 확립하도록 그를 지상으로 내려 보냈다.[13]

---

12) W. Jochelson, op. cit., pp.149-150.
13) Ibid., p.19.

코랴족에 의하면, '최고의 존재'를 일컫는 가장 널리 알려진 명칭은 '에트이느이'(этыны) 또는 '에타느이'(этаны)다. 이 명칭의 의미는 신이다.[14] 따라서 까마귀는 '최고의 존재', 즉 신과 사람 사이를 매개하는 신의 사자라는 위상을 갖는다.

2. 코랴족 까마귀신화에 나타난 혼인풍속의 양상

까마귀 자식들 사이의 혼인 또는 까마귀 자식들과 그들의 친척 사이의 혼인을 다루는 신화에서 족내혼 가운데 근친혼의 모티프를 확인할 수 있다. 코랴족 신화에서 이러한 혼인은 주로 남매혼과 사촌혼의 형태로 나타난다.

[자료 7]

창조자 '테난토므완'은 아버지 '토무겔', 어머니 '햐나'와 함께 살고 있었다. 어느 여름에 '토무겔'은 마을사람들과 함께 고래를 잡아 그 고기를 나누었다. 가을에 '토무겔'은 고래축제를 거행했다. 그러나 죽은 고래가 집으로 돌아기를 원하지 않아 그는 고래를 집으로 돌려보낼 수 없었다. 그는 앞으로 죽게 될 것이라고 예언하면서 집에 '테난토므완'을 혼자 남겨두고 아내와 함께 멀리 떠났다. 그때 '토무겔'은 '테난토므완'에게 활과 화살을 주었다. 바로 그때 새벽-사람 '기틸릴란' 역시 고래를 집으로 돌려보낼 수 없어서 딸 '미티'를 집에 홀로 남겨두고 떠났다. 그때 '기틸릴란'은 마멋[다람쥣과의 설치동물]과 함께 올가미를 딸에게 주었다. 어느 날

---

14) В. В. Антропова, "Представления Коряков о рождении, Болезни и Смерти", И. С. Вдовин ed., Природа и Человек в Религиозных Представления Народов Сибири и Севера, Ленинград, 1976, p.255.

'테난토므완'이 사냥을 나갔다가 '미티'를 만났다. 그들은, 서로 자신들이 지상에 남은 유일한 남자와 여자라고 말하면서 혼인했다. 그들은 사냥을 하면서 살았다. 얼마 후 그들은 아들 '에멤쿠트'와 딸 '위네아네우트'를 낳았다. 그들은 딸을 낳은 후 그녀를 멀리 떨어진 다른 집에 데려다 놓았다. 오빠는 누이가 있다는 것을 몰랐지만, 누이는 오빠가 있다는 것을 알고 있었다. '에멤쿠트'는 매일 순록을 사냥하여 집으로 끌고 왔다. 어느 날 그는 사냥 후 집으로 돌아오다가 어떤 집을 발견하고 들어갔다. 그곳에 '위네아네우트'가 있었다. 그러나 그는, 그녀가 누이라는 사실을 알지 못하고 그녀와 혼인하려고 했다. 그녀가 거부했지만, 그는 그녀를 데리고 집으로 돌아와 혼인했다. 그의 부모가 그를 나무랐지만 그는 계속 누이와 함께 살았다. 어느 날 '카막냐쿠'(Kamakn˙aʹqu)의 아내인 '위네아네우트'가 창조자의 집 근처에서 열매를 따다가 창조자의 딸 '위네아네우트'를 만났다. 창조자의 딸 '위네아네우트'는 새로 도착한 '위네아네우트'에게 자신의 남편이 오빠인 것이 부끄럽다고 말하면서 남편을 서로 바꾸자고 했다. 그들은 서로 남편을 바꾸었다. 새로 도착한 '위네아네우트'는 '에멤쿠트'의 아내가 되었고, 창조자의 딸 '위네아네우트'는 '카막냐쿠'의 아내가 되었다. 그 후 '에멤쿠트'는 매우 잘 살았다.[15]

[자료 8]

남매가 함께 살았다. 누이는 오빠의 당부에도 불구하고 오빠가 만들고 있던 화살을 보고 말았다. 그러자 화살이 부러졌다. 그녀는 집에서 쫓겨

---

15) W. Jochelson, op. cit., pp.159-161.

나 덤불에서 길을 잃고 헤매다 곰 굴을 발견했다. '곰-소녀'는 그녀를 새로운 친구로 생각하고 기뻐 날뛰었다. '곰-소녀'는 환영의 표시로 그녀의 코트를 여러 번 물어뜯었다. 이때 나이 든 '곰-여자'가 '곰-소녀'를 말리면서 그녀를 집 안으로 들였다. 그녀는 집 안에서 코트를 잘 수선하였다. '곰-여자'는, 자신의 아들들이 그녀를 해치지 못하도록 그녀를 숨겼다. 잠시 후 젊은 곰 다섯 마리가 집으로 들어와 여자 냄새가 난다고 어머니에게 말했다. 그러나 어머니는 아니라고 말했다. 그들은 '곰-소녀'에게 살찐 연어 머리를 던져주고 연골을 발라내도록 했다. 이때 그녀는 '곰-소녀'를 도와 연골을 발라냈다. 저녁을 먹은 후 '곰-남자'들은 잤다. 나이 든 '곰-여자'는 그녀에게 지금 떠나라고 말했다. 한밤중에 나이 든 '곰-여자'가 막내에게 훌륭한 신붓감이 왔다가 다시 가버렸으니 그녀를 데리고 오라고 말했다. 젊은 곰이 뒤따라갔지만 마을 사람들이 화살을 쏘아 곰을 죽였다. 그녀는 곰 가죽을 벗기자 나타난 훌륭한 젊은이와 혼인했다. 그러자 그녀의 사촌도 화살을 만드는 것을 보지 말라는 오빠의 당부에도 불구하고 화살을 보았다. 그러나 화살이 부러지지 않자 그녀는 고의로 화살을 부러뜨렸다. 그래도 오빠는 그녀를 내쫓지 않았다. 그녀는 스스로 집을 떠났다. 그녀도 역시 숲 속을 헤매다가 곰 굴을 발견했다. '곰-소녀'가 그녀의 코트를 끌어당겼다. 나이 든 '곰-여자'가 나타나 그녀를 집 안으로 들였다. 그녀는 집 안에서 코트를 잘 수선하지 못했다. '곰-여자'는, '곰-남자'가 오자 그녀를 숨겼다. '곰-남자'가 자러 가자 그녀에게 떠나라고 말했다. 그녀는 큰 소리를 지르면서 문을 꽝 닫았다. '곰-여자'는 그녀를 나쁜 사람이라고 생각했다. '곰-여자'는 아들을 깨우지 않고 털이 많은 큰 개로 하여금 그녀를 뒤따라가도록 했다. 마을 사람들이 그녀를 뒤따라 온

개를 죽여 가죽을 벗겼지만 아무 일도 일어나지 않았다.[16]

    [자료 7]과 [자료 8]에는 근친혼 가운데 남매혼의 모티프가 반영되어 있다. [자료 7]에서 '에멤쿠트'와 '위네아네우트', 즉 남매 사이에 혼인이 이루어지고 있다. 서로 남매 사이라는 사실을 알고 있던 누이가 거부했지만, 오빠는 누이의 말을 믿지 않고 억지로 혼인한다. 둘 사이에 남매혼이 성립된 셈이다. 부모는 그런 혼인을 강행한 오빠를 비난했지만 둘의 혼인은 지속된다. 누이는 남매 사이의 혼인을 부정적으로 인식하면서 그런 혼인을 적극적으로 중재하려고 한다. 누이가 남매혼을 부정적으로 인식하는 것은, 그녀가 '카막냐쿠'의 아내 '위네아네우트'에게 자신의 남편이 오빠인 것이 부끄럽다고 말하는 데서도 드러난다. 중재 과정에서 먼저 '카막냐쿠'의 아내 '위네아네우트'가 '에멤쿠트'의 누이이자 아내 '위네아네우트'의 집에 도착한다. 이때 '에멤쿠트'의 누이가 '카막냐쿠'의 아내 '위네아네우트'에게 서로의 남편을 교환할 것을 제안하고, '카막냐쿠'의 아내 '위네아네우트'는 그 제안을 수락한다. 여기에 '제안/수락'의 이원적인 기능의 쌍이 내포되어 있다. 그런 다음 두 사람이 서로의 남편을 교환하고, 그 결과 '에멤쿠트'가 매우 잘 살게 됨으로써 결국 남매혼은 허용되지 않는다.

    [자료 7]의 구조를 도표화하면 다음과 같다.

---

16) Ibid., pp.338-339.

[자료 8]도 [자료 기처럼 중재를 거쳐 결국 남매혼이 지속되지 않는 과정을 보여준다. [자료 8]에서 "남매가 함께 살았다."는 진술은 사실상 남매혼이 성립되었음을 의미한다. 그러나 오빠의 금지에도 불구하고 누이는 그 금지를 위반한다. 여기에 '금지/금지 위반'의 이원적인 기능의 쌍이 내포되어 있다. 그 결과 누이는 오빠에 의해 집에서 추방된다. 이것은 금지 위반에 대한 처벌이면서 동시에 남매혼에 대한 부정적 인식의 표현이다. 이후에 누이는 곰 굴에서 시험을 받는다. 코트를 잘 수선하고 곰-소녀를 도와 연어의 연골을 발라내는 것이 그것이다. 누이는 그 시험들을 성공적으로 수행한다. 여기에 '과제/과제 수행'의 이원적인 기능의 쌍이 내포되어 있다. 이 기능의 쌍에 의해 '금지/금지 위반'에 의해 야기된 누이의 처벌이 무효화된다. 그 결과 누이는 집으로 돌아갈 수 있었고, 또 다른 사람과 혼인을 할 수 있었다. 이 같은 중재 과정을 거쳐 결국 남매혼은 허용되지 않는다.

[자료 8]의 구조를 도표화하면 다음과 같다.

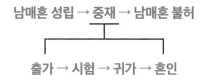

[자료 9]

창조자 '테난토므완'과 그의 아내 '미티'가 아들 '에멤쿠트', 딸 '위네아네우트', 조카 '일랴'(Illa), 조카딸 '킬류'(Kῑlu')와 함께 살고 있었다. 창조자는 이웃에 사람들이 없어 '에멤쿠트'와 '킬류', '일랴'와 '위네아네우트'를 서로 혼인시켰다. 그 후 창조자는 '에멤쿠트'와 '일랴'에게 광야로 가 그곳에서 사냥하면서 살라고 말했다. 그들은 멀리 떠났고, 창조자는 바다에서 멀리 떨어져 살았다. 어느 날 창조자는 아내에게 말했다. "내가 너무 게을러 사냥하기 위해 매일 바닷가로 갈 수가 없소. 바다 저 너머로 갈 테니 당신은 집에 있으시오. 당신의 음문(陰門)을 잘라 그것으로 개를 만들어 친구로 삼으시오. 나는 내 성기(性器)를 잘라 심부름을 해줄 개로 만들겠소." 창조자가 바다로 떠난 후 아내는 남편의 지시대로 했다. 창조자도 자신의 말처럼 했다. 그는 개에게 집에 가서 작살을 가지고 오라고 말했다. 그러나 개는 집으로 가서 아무 말도 못하고 '미티'의 모피 코트 아래만 기어 다녔다. 그녀는, 그것이 남편의 개라는 것을 알아차리고 남편이 원하는 것을 알기 위해 갔다. 아내는 남편에게 자신처럼 말하는 개를 만들어야 심부름을 할 수 있을 것이라고 말했다. 창조자는 아내의 말대로 했다. 한번은 '에멤쿠트'가 아내 '킬류'에게 부족들이 있는 곳으로 가자고 말했다. 그들이 창조자의 집에 도착했을 때 그들을 향해 짖고 있던 개를 보았다. '킬류'가 개를 보고 웃자, '미티'가 그것들은 자신들의 성기로 만든 것이니 웃지 못하도록 했다. '에멤쿠트'는 더 이상 홀로 부족을 떠나지 않을 것이라고 말했다. 창조자와 '미티'는 개를 원래 모습으로 바꾸어 제자리에 돌려놓았다. '에멤쿠트'는 부모를 따라 광야로 나갔다. 잠시 후 순록 부족 가운데 <시기심이 강한 사람>이 '에멤쿠트'에게 와서 자신들의 아내로 하여금 시합을 하게 하자고 제안했다. 두 번의 시합에서 '에멤쿠트'의 아내가 이겼다. 그는 잔치를 열었다.[17]

---

17) Ibid., pp.139-140.

[자료 10]

'에멤쿠트'는 '킬류'와 혼인했다. 그는 광야로 갔다. 강 상류로 올라가다가 그물로 물고기를 잡고 있던 사람들을 보았다. 그는 서둘러 어부를 도왔고, 그들 중 한 여자를 아내로 삼았다. 한번은 '킬류'가 불안하여 남편을 찾으러 갔다. 그녀는 이전에 남편이 도와주었던 어부들을 보았다. 그러고 나서 그녀는 남편의 새로운 아내를 죽여 버렸다. '에멤쿠트'는 하는 수 없이 '킬류'를 데리고 집으로 돌아왔다.[18]

[자료 9]와 [자료 10]에는 [자료 7], [자료 8]과 달리 근친혼 가운데 사촌혼의 모티프가 반영되어 있다. [자료 9]에서 '에멤쿠트'와 '킬류' 그리고 '일랴'와 '위네아네우트'가 혼인을 한다. 이 두 혼인은 모두 사촌 사이에 이루어진 일종의 사촌혼이다. 그 후 '테난토므완'은 '에멤쿠트'와 '일랴'에게 광야로 가서 살 것을 명령했고, 그들은 그 명령에 복종하여 집을 떠난다. 여기에 '명령/복종'의 이원적인 기능의 쌍이 내포되어 있다. 이럴 경우 그들이 광야로 떠나는 것은 사촌혼에 대한 부정적 인식과 사촌혼을 한 그들에 대한 처벌의 의미를 담고 있다. 그러나 '에멤쿠트'와 '킬류'가 집으로 돌아온 후, '킬류'는 시험을 받는다. 이것은 '테난토므완'의 명령에 대한 불복의 결과이면서 동시에 부정적으로 인식되는 사촌혼에 대한 정당성을 보장받는 과정이기도 하다. 결국 그녀에 의해 수행된 '시합/승리'의 이원적인 기능의 쌍에 의해 그들의 혼인이 인정받는 것으로 보인다. 이것은, '킬류'가 두 번의 시합에서 이겼을 때 '에멤쿠트'가 잔치를 열었다는 진술을 통해 짐작할 수 있다. 이 같은 중재 과정을 거쳐 사촌혼이 허용된다.

---

18) Ibid., pp.294-295.

[자료 9]의 구조를 도표화하면 다음과 같다.

[자료 10]에서도 '에멤쿠트'와 '킬류'가 혼인을 한다. 이 혼인도 역시 사촌 사이에 이루어진 사촌혼이다. 그 후 '에멤쿠트'가 광야로 가는데, 이것은 부정적으로 인식되는 사촌혼에 대한 처벌의 의미를 담고 있다. 그는 광야에서 어부를 돕는 시험을 받는다. 그 시험을 성공적으로 수행한 그는 새로운 아내를 맞는다. 이것에는 사촌혼을 회피하려는 그의 잠재적인 심리가 반영되어 있다. 그러나 그의 전처인 '킬류'가 새로운 아내를 죽임으로써 그는 어쩔 수 없이 그녀와 함께 집으로 돌아올 수밖에 없다. 이것은 사촌혼을 회피하려는 그의 의도가 실패했음을 보여준다. 이 같은 중재 과정을 거쳐 사촌혼이 허용된다.

[자료 10]의 구조를 도표화하면 다음과 같다.

[자료 11]

'에멤쿠트'는 사촌누이 '킬류'와 혼인했다. 어느 날 그는 강 상류로 올라가다가 '뿌리-남자'의 집을 발견하고 들어갔다. '뿌리-남자'의 딸 '풀-

여자'가 그에게 음식을 가져다주었다. 이때 그는 그녀를 보자마자 사랑에 빠져 구혼했다. 그는 '뿌리-남자'를 속이고 그녀와 혼인한 다음 거기서 살았다. 얼마 후 '킬류'는, 남편이 '풀-여자'와 혼인했다는 사실을 알고 그를 찾으러 갔다. 그녀는 화가 나서 '풀-여자'를 죽이고 집으로 돌아왔다. 그는 이 사실을 알고 집으로 돌아가 '킬류'를 죽이려고 하였지만 이미 그녀는 집을 떠나버렸다. 그는 더 이상 그녀를 원하지 않았다. 어느 날 '안개-남자'가 '에멤쿠트'의 누이 '위네아네우트'와 혼인하기 위해 왔다. 그러나 그는 '안개-남자'에게 '킬류'를 데려가는 것이 더 좋을 것이라고 말했다. '안개-남자'는 그녀를 찾아서 자신의 집으로 데려가고 있었다. 이때 '큰-할아버지'가 먹이를 주기 위해 개를 부르자, '안개-남자'와 '킬류'가 타고 있던 썰매를 끌던 순록들이 개로 변하여 다시 '에멤쿠트'의 집으로 돌아갔다. '안개-남자'는 할 수 없이 혼자 집으로 돌아갔고, '킬류'만 홀로 남게 되었다.[19)]

[자료 12]

'큰-까마귀' '쿠이키냐쿠'의 아들 '에멤쿠트'의 아내는 '킬류'였다. 어느 날 그녀는 열매를 따러 갔다가 구름에서 내려오던 '구름-남자' '야할란'(Ya'halan)을 보았다. 그녀는 그 남자의 칼을 몰래 훔쳐 집으로 가져왔다. '에멤쿠트'는 시합을 하러 구름으로 가기 위해 부족의 여자들에게 새로운 옷을 짓도록 했다. 아내 '킬류'와 어머니 '미티'는 바느질하기 위해 밖으로 나갔다. '에멤쿠트'는 칼을 갈기 위해 숫돌을 찾다가 아내가 숨

---

19) Ibid., pp.209-210.

19) Ibid., pp.209-210.

겨둔 칼을 발견했다. 이때 그는 아내에게 새로운 남편이 생겼다고 생각하고 그녀를 죽인 다음 멀리 던져 버렸다. '구름-남자'는 죽은 '킬류'를 소생시켜 그의 아내로 삼았다. '에멤쿠트'는 구름 마을에서 공차기, 격투기 시합을 하여 이겼다. '구름-남자'는 그에게 자신의 누이 '야할냐우트'(Ya′halña′ut)를 보내어 혼인하게 하였다. 그 후에 '킬류'는 아버지 '사이사냐쿠'(Čaičan′a′qu), 어머니 '햐나'(Ha′na), 그리고 오빠 '일랴'와 함께 지상에 내려와 '큰-까마귀'와 함께 살았다. 어느 날 '구름-남자'가 구름 부족과 함께 지상으로 내려왔다. 이때 '에멤쿠트'는 '구름-남자'에게 자신의 누이 '위네아네우트'를 보내어 혼인하게 하였다. 그 후 구름 부족은 '에멤쿠트'의 가족과 관련을 맺게 되었다.[20)]

[자료 11]과 [자료 12]에는 [자료 9], [자료 10]처럼 근친혼 가운데 사촌혼의 모티프가 반영되어 있다. 그러나 [자료 11]과 [자료 12]는 [자료 9], [자료 10]과 달리 어떤 중재 과정 속에서도 사촌혼이 허용되지 않는 것을 보여준다.

[자료 11]에서도 '에멤쿠트'와 '킬류'가 혼인을 한다. 이 혼인도 역시 사촌 사이에 이루어진 사촌혼이다. 그 후 [자료 10]에서처럼 '에멤쿠트'는 광야로 가는데, 이것은 부정적으로 인식되는 사촌혼에 대한 처벌의 의미를 포함하고 있다. 그곳에서 그는 새로운 아내를 맞는다. 이것은 사촌혼을 회피하려는 그의 의도와 무관하지 않다. 이때 새로운 혼인은 '에멤쿠트'와 '뿌리-남자' 사이의 '속임/속음'의 이원적인 기능의 쌍에 의해 실현된다. 그러나 '킬류'가 새로운 아내를 죽임으로써 그는 집으로 돌아와 혼자 살게 된다. '킬류'도 결국에는 혼자 살게 된다. 이 같은 중재 과정

---

20) Ibid., pp.253-254.

속에서 사촌혼이 결국 허용되지 않는다.

[자료 11]의 구조를 도표화하면 다음과 같다.

[자료 12]에서도 '에멤쿠트'와 '킬류'는 역시 사촌혼으로 맺어진 부부다. 어느 날 그는 아내를 죽인다. 물론 그의 오해에서 비롯된 복수지만 여기에는 사촌혼을 회피하려는 그의 의도가 잠재되어 있다. 그 후 그는 집을 떠나 구름 마을로 가서 시험을 받는다. '시합/승리'의 이원적인 기능의 쌍이 내재된 시험을 통과한 그는 새로운 아내를 맞는다. 이것 또한 '킬류'의 죽음과 마찬가지로 사촌혼을 회피하려는 그의 의도가 실현된 결과다. 이런 점은 '킬류'와 관련하여 '죽음 → 재생 → 혼인 → 독신'으로 이어지는 기능들의 연쇄에서도 확인된다. 이 같은 중재 과정을 거쳐 결국 사촌혼이 허용되지 않는다.

[자료 12]의 구조를 도표화하면 다음과 같다.

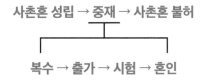

3. 코랴족 까마귀신화에 나타난 혼인풍속의 의미

남매혼과 사촌혼 모티프를 포함하고 있는 코랴족 신화는 '근친혼 → 중재 → 근친혼 허용/불허'를 그 기본구조로 삼는다. 이 기본구조를 바탕으로 남매혼과 사촌혼 모티프를 포함하는 코랴족 신화는 다양한 변이를 보여준다. 이때 변이를 생성하는 요인은 첫째 남매혼과 사촌혼 같은 근친혼의 유형, 둘째 구체적인 중재 과정, 셋째 남매혼과 사촌혼 같은 근친혼의 허용 여부다. 따라서 변이를 생성하는 요인을 고려할 때 남매혼과 사촌혼 모티프를 포함하고 있는 코랴족 신화에는 근친혼에 대한 코랴족의 관념이 반영되어 있다.

코랴족의 혼인 풍속에 집단혼(group marriage)의 흔적이 남아 있었다.[21] 아내가 죽으면 남편이 아내의 자매와 혼인하거나, 형이 죽으면 동생이 형수와 혼인하는 것도 집단혼의 한 흔적이다. 이 같은 혼인은 18세기 이전에 이미 코랴족의 풍속에서 사라졌다.

20세기 초의 보고[22]에 의하면 코랴족은 근친혼을 금지했다. 육친, 즉 어머니, 딸, 누이, 사촌, 고모, 이모, 조카 등과의 혼인을 금지했고, 그리고 인척, 즉 계모, 살아 있는 아내의 자매나 사촌, 죽은 동생의 아내, 죽은 아내의 언니, 형제 아내의 누이나 사촌 등과의 혼인을 금지했다. 특히, 남매 사이의 혼인은 고대로부터 금지되었고, 사촌 사이의 혼인은 18세기 이전의 코랴족 혼인 풍속에서는 이루어졌다.[23]

[자료 7]과 [자료 8]에서 알 수 있는 것처럼 남매혼은 원천적으로 부정된다. 이런 인식은 남매혼 이후 의도적인 또는 비의도적인 중재 과정에서 분명히 드러난

---

21) M. G. Levin and L. P. Potapov ed., *The Peoples of Siberia*, The Univ. of Chicago, 1964, p866.

22) W. Jochelson, op. cit., pp.736-737.

23) E. M. Мелетинский, op. cit., p.69.

다. 결국 다양한 중재 과정을 거쳐도 남매혼은 지속되지 못하고 불허된다. 이것은 코랴족 혼인풍속에서 남매혼은 절대 금기 사항이었다는 것을 의미한다.

그러나 사촌혼은 남매혼의 경우와 다르다. 사촌혼은 코랴족의 혼인 풍속에서 18세기 이전에는 허용되었고, 그 후에 금지되었다. 이러한 혼인 풍속의 변화는 코랴족 신화에 그대로 반영되어 있다.

[자료 9]와 [자료 10] 그리고 [자료 11]과 [자료 12]는 사촌혼 모티프를 포함하고 있다. 여기서도 사촌혼은 부정적으로 인식된다. 이런 인식은 사촌혼 이후 의도적인 또는 비의도적인 중재 과정에서도 분명히 드러난다. 이럴 경우 [자료 9]와 [자료 10]에서는 다양한 중재 과정에도 불구하고 사촌혼이 그대로 수용된다. 그러나 [자료 11]과 [자료 12]에서는 다양한 중재 과정을 거쳐 결국에는 사촌혼이 불허된다.

이런 점에서 본다면 [자료 9]와 [자료 10]은 코랴족 혼인 풍속에서 사촌혼에 대한 금기가 형성되기 시작했지만 아직 사촌혼이 이루어지던 시기의 신화라고 할 수 있다. 그런가 하면 [자료 11]과 [자료 12]는 사촌혼에 대한 흔적을 반영하면서 그런 혼인에 대한 금기가 어느 정도 굳어지던 시기의 신화라고 할 수 있을 것이다. 특히, [자료 12]에는 교환혼의 흔적이 반영되어 있다. [자료 12]에서 먼저 '구름-남자'는 '에멤쿠트'에게 자신의 누이 '야할냐우트'를 보내어 혼인하게 하였고, 그 다음 '에멤쿠트'는 '구름-남자'에게 자신의 누이 '위네아네우트'를 보내어 혼인하게 하였기 때문이다. 이 같은 교환혼은 사촌혼이 불허된 다음에 이루어졌다. 이처럼 코랴족 까마귀신화에 반영된 혼인풍속이 '남매혼 불허' → '사촌혼 허용' → '사촌혼 불허'(사촌혼 흔적) → '교환혼 허용'으로 변한 것은 곧 그들의 혼인풍속이 족내혼에서 족외혼으로 바뀌어갔다는 사실을 말해준다.

근친혼과 사회규범의 위반은 중요한 사회적인 그리고 자연적인 교환 관계를 파괴한다.[24] 그럼으로써 사회적인 그리고 자연적인 영역에서 혼돈이 야기된다. 코략족 신화에 반영된 족내혼 → 족외혼 풍속은, 이 같은 혼돈이 질서로 변화되는 것을 암시적으로 표현하고 있다.

---

24) E. M. Meletinsky, *The Poetics of Myth*, Routledge, 2000, p.182.

Ⅱ. 코랴족 기근신화의 구조와 의미

1. 코랴족 신화와 기근 모티프

코랴족 설화 가운데 기근과 그것의 해소 모티프를 포함하는 대표적인 자료를 소개하면 다음과 같다.

[자료 1]

식량이 떨어져 창조자 '테난토므완'(Tenanto'mwan)의 가족이 굶주림을 겪고 있었다. 그는 사냥을 떠나 많은 식량을 갖고 있는 바다 '칼라우'(Kalau)[사악한 정령]의 거주지에 도착했다. 창조자는 까마귀로 변한 다음 집 안으로 날아 들어가 까악까악 울었다. '칼라우'들은 놀라서 집을 떠나 광야로 도망쳤다. 창조자는 집으로 돌아가 아내와 아이들을 데리고 식량이 많이 있는 '칼라우'의 집으로 옮겼다. 정신을 차린 '칼라우' 가운데 가장 나이 많은 '칼라우'는 자신의 집에서 무슨 일이 일어나고 있는지 보러 갔다. '칼라우'는 왜 자신의 집을 차지하려고 하는지 창조자에게 물었다. 창조자는 이 집을 자신이 지었다고 말했다. 그러나 '칼라우'는 이 집과 창고가 자신의 것이라고 말했다. 그러자 창조자는 집과 창고를 누가 지었는지 집과 창고에게 물어보자고 말했다. 집과 창고는 모두 창조자가 자신들을 지었다고 말했다. 이 말을 듣고 '칼라우'는 아내와 아이들에게 돌아가 창조자가 살고 있어서 집을 찾을 수가 없었다고 말했다. '칼라우'의 아내는 이 말을 듣고 남편과 함께 창조자에게 갔다. '칼라우'의 아내

'칼라나우트'(Ka'la-ňa'ut)와 창조자의 아내 '미티'(Miti')가 여러 사물들에게 누가 그들을 만들었는지 물었다. 사물들은 모두 창조자의 아내가 자신들을 만들었다고 말했다. '칼라우'와 그 아내는 집에서 쫓겨난 후 광야에 있는 아이들에게로 가 모두 굶주려 죽었다. 창조자는 여름에 바다 물고기가 강 하구에 나타날 쯤 옛 마을로 돌아가 물고기를 잡았다.[1]

[자료 2]

창조자 '테난토므완'은 방목을 위해 순록 떼를 산으로 보내고 강가에 머물렀다. 그러나 강에 물고기가 없어 그는 굶주리고 있었다. 순록 부족은 강 상류에서 물고기를 많이 잡았다. 창조자는 그들을 뒤따라갔다. 그는 숲속에서 자신의 성기를 잘라 까마귀로 변신시킨 다음 순록 부족이 걸어둔 건어(乾魚)를 가져오도록 했다. 까마귀는 밤에 순록 부족에게로 날아가 건어를 훔쳐 왔다. 아침에 일어난 순록부족은, 건어가 없어진 것을 발견했지만 그 이유를 아무도 몰랐다. 창조자는 자신의 성기를 원래의 위치에 돌려놓은 다음 건어를 집으로 가져와 여름 동안 식량으로 먹었다. 눈이 내릴 때 창조자의 아들들이 순록 떼를 몰고 집으로 돌아왔다. 그는 더 이상 식량이 부족하지 않았다.[2]

[자료 3]

창조자의 아들들이 사육하고 있던 순록을 데리고 야생순록을 사냥하

---

1) W. Jochelson, *The Koryak: Religion and Myths, The Jesup North Pacific Expedition*, Vol. Ⅵ, Leiden and New York, 1908, pp.164-165.

2) Ibid., pp.183-184.

기 위해 갔다. 이때 창조자가 물고기를 잡지 못해 가족이 굶주리고 있었다. 결국 그는 아내와 딸들에게 말했다. "여기 있으면 굶어 죽을 것이야. 옷가지만 챙겨 멀리 떠나자." 그들이 여행 가방을 다 챙겼을 때, 그는 아내와 딸들에게 말했다. "지금 각자 머리를 항문으로 밀어 넣자." 그와 딸들은 그렇게 했지만, 아내 '미티'는 자신의 질(膣) 속으로 머리를 밀어 넣었다. 그들이 서로 볼 수 있도록 그는 머리를 정돈시켰다. 그러나 '미티'는 길을 잘못 드는 바람에 볼 수가 없었다. 그는 딸들에게 말했다. "'미티'는 다른 개울에서 살기위해 갔어." 그들은 '미티'에게 어디 있느냐고 소리쳤다. 그녀는 맑은 개울을 따라 갔다고 대답했다. 그는 아내를 데려오기 위해 머리를 항문에서 밖으로 잡아당겼다. 이때 그는, '미티'가 머리를 틀린 곳으로 밀어 넣는 것을 보고 머리를 잡아당겨 그녀의 항문으로 밀어 넣고 자신의 머리도 다시 항문으로 밀어 넣었다. 그들은 그 곳에서 송어를 잡았다. 그는 그들에게 송어를 먹어도 되지만 그것을 말려서 보관하지 못하도록 했다. '에멤쿠트'(Eme′mqut)와 그의 형제들이 사냥에서 돌아왔다. 그들은 사육순록과 함께 많은 야생순록을 잡아왔다. 그러나 아무도 그들을 보기 위해 집에서 나오지 않았다. '에멤쿠트'는 집 안으로 들어가 어깨에 가방을 멘 채 각자 항문에 머리를 밀어 넣고 앉아 있는 아버지, 어머니, 그리고 누이들을 보았다. 그는 그들의 머리를 밖으로 잡아당겼다. 그들은 창자 안에 있는 배설물을 먹었는데, 이것이, 그들이 말하던 송어였다. '미티'가 손에 배설물 한 줌을 쥐고 나왔다. '에멤쿠트'는 그것을 보고 토하면서 말했다. "저런! 배설물을 먹었군요." 그러나 창조자가 말했다. "우리가 배설물을 먹지 않았다면 오래 전에 굶주려 죽었을 거야." 그 후에 그들은 야생순록 고기와 사육순록 고기와 같은 좋은 음식을

먹고 살았다.[3]

[자료 4]

<까마귀-남자>와 그의 아내가 살고 있었다. 그들은 먹을 것이 아무것도 없었다. 어느 날 <까마귀-남자>는 아내에게 식량을 구해 오라고 했다. 그러나 그녀는 그에게 식량을 구해 오라고 말했지만 그는 가지 않았다. 하는 수 없이 그녀는 식량을 구하기 위해 갔다. 그녀가 떠난 후 그는 아이를 돌보았다. 그 동안에 그녀는 코략족의 집 위로 날아가 <큰-까마귀>의 집으로 갔다. 그녀가 오기 전에 <큰-까마귀>는 음식을 마련하기 위해 순록을 죽였고, 또 <하늘의 존재>에게 개를 희생으로 바쳤다. 그녀는 개 시체를 발견하자마자 그것을 집으로 가져갔다. <까마귀-남자>는, 그의 아내가 순록을 가져온다고 생각했다. 그녀는 개 시체를 집 안으로 옮긴 다음 사냥을 가지 않고 집에만 있는 남편을 꾸짖었다. 그러나 그는 아내의 말을 귀담아 듣지 않고 서둘러 고기를 집어 몇 조각 삼켰다. 가족이 함께 먹도록 그녀는 그에게서 개고기를 빼앗아 요리한 다음 접시에 놓았다. 그는 화를 내면서 그것을 먹느니 차라리 죽겠다고 말한 다음 밖으로 나갔다. 그는 식량을 찾기 위해 여러 곳을 날아다녔지만 아무것도 발견할 수 없었다. 마지막으로 방금 순록을 죽인 <큰-까마귀>의 집으로 갔다. <큰-까마귀>의 딸들이 순록의 가죽을 벗긴 다음 고기를 잘랐다. 잠시 후 <까마귀-남자>는 콩팥을 쪼아 먹었다. <큰-까마귀>의 가족들은, <까마귀-남자>가 계속 고기 조각을 물고 집으로 날아가는 것을 보았다. <큰-까마귀

---

3) Ibid., p.190.

>는 그를 따라잡도록 아들을 보냈다. <까마귀-남자>를 만난 <큰-까마귀>의 아들은 함께 살기 위해 그를 데려갔다. <큰-까마귀>는 그에게 가족이 있다는 것을 알고 그들을 데려와 함께 살자고 말했다. <까마귀-남자>는 아내를 데리고 와서 <큰-까마귀>와 함께 살았다. <u>얼마 후 <큰-까마귀>는 훌륭한 일꾼인 <까마귀-남자>에게 자신의 순록 떼 일부분을 주고 서로 떨어져 살도록 했다.</u>[4)]

위에서 보인 자료는 기근과 그것의 해소 모티프를 포함하는 코략족 신화들이다. 이 신화들에서 창조자 또는 <까마귀-남자>와 그들의 가족은 '식량이 떨어져서' 또는 '물고기를 잡지 못해' 굶주리고 있었다. 신화의 최초 상황은 기근과 관련된 <결핍>이다. 이 때 창조자 또는 <까마귀-남자>는 구체적인 <수행>을 통해 기근을 일시적으로 해소시킨다. 그 후 그들은 '마을로 돌아가 물고기를 잡아' 또는 '아들이 순록을 몰고 돌아와' 또는 '약간의 순록을 얻어' 기근을 완전히 해소시킨다. 이것은 <결핍의 해소>다. 따라서 기근과 그것의 해소 모티프를 포함하는 코략족 신화들은 <결핍>→<수행>→<해소>와 같은 서사적 3분절로 구성되어 있다. 이럴 경우 기근 모티프는 이 신화들에서 핵심적인 기능을 한다.

2. 코략족 기근신화의 서사구조

[자료 1], [자료 2], [자료 3], [자료 4]는 모두 <결핍>(lack)→<수행

---

4) Ibid., pp.267-268.

>(performance)→<해소>(liquidation)라는 3분절의 순접구조를 보여준다. <결핍>은 <최초의 상황>으로서 주체가 기근을 겪는 서사단위고, <해소>는 <최후의 상황>으로서 주체가 기근을 벗어나 풍족한 식량을 확보하는 서사단위다. 그리고 <수행>은 <중간의 상황>으로서 주체가 구체적인 행위를 통해 기근을 극복하려는 서사단위다.

<결핍>과 <해소>는 [자료 1]에서는 각각 "식량이 떨어져 창조자 '테난토므완'의 가족이 굶주림을 겪고 있었다."와 "창조자는 여름에 바다 물고기가 강 하구에 나타날 쯤 옛 마을로 돌아가 물고기를 잡았다."에, [자료 2]에서는 각각 "강에 물고기가 없어 그는 굶주리고 있었다."와 "그는 더 이상 식량이 부족하지 않았다."에, [자료 3]에서는 "이때 창조자가 물고기를 잡지 못해 가족이 굶주리고 있었다."와 "그 후에 그들은 야생순록 고기와 사육순록 고기와 같은 좋은 음식을 먹고 살았다."에, [자료 4]에서는 "그들은 먹을 것이 아무것도 없었다."와 "얼마 후 <큰-까마귀>는 훌륭한 일꾼인 <까마귀-남자>에게 자신의 순록 떼 일부분을 주고 서로 떨어져 살도록 했다."에 해당한다. 그리고 <수행>은 <결핍>을 <해소>의 서사단위로 전환시키는 <중간의 상황>에 해당한다.

서사단위 <수행>도 서사적 3분절로 구성된다. 가족에게 닥친 기근을 해결하기 위해 가족 구성원이 헤어지는 <출발>(departure)과 가족 구성원 가운데 한 주체가 기근의 상황을 능동적으로 해결하는 <실행>(doing), 그리고 기근의 상황을 해결한 후 헤어진 가족 구성원이 다시 만나는 <귀환>(return)이 그것이다. 이 때 <출발>과 <귀환>은 이야기를 구성하는 본질적인 서사단위 가운데 하나다.

기근의 상황을 해결하기 위해 [자료 1]에서는 남편과 아내, 아이가, [자료 2]에서는 아버지와 아들이, [자료 3]에서는 아버지와 어머니 그리고 아들과 딸이, [자료 4]에서는 남편과 아내가 헤어진다. 이 같은 분리의 상황에서 기근의 상황을 능동적으로 해결하는 <실행>의 주체는 아버지 또는 남편, 그리고 아내이다. [자료 1]에서 남편과 아내가 순차적으로 집을 떠나 기근의 상황을 해결하기 위한 구체적인 행동을 한다는 점에서 <실행>의 주체는 남편과 아내 두 명이다. [자료 2]에서 아버지가 집을 떠나 역시 그러한 행동을 한다는 점에서 <실행>의 주체는 남편이다. 그리고 [자료 3]에서는 아버지와 어머니 그리고 딸이 각자 굶주림을 해결하기 위한 행동을 하고 있지만, 그런 행동을 하도록 지시한 사람이 아버지이기 때문에 <실행>의 궁극적인 주체는 아버지 또는 남편이라고 할 수 있다. 또 [자료 4]에서는 [자료 1]에서와 마찬가지로 <실행>의 주체가 아내와 남편 두 명이다. 그러나 <실행>의 1차적 주체인 아내의 기근 해결 시도는 실패하고 결국 2차적 주체인 남편의 기근 해결 시도가 성공한다. 이런 점에서 <실행>의 궁극적인 주체는 아버지 또는 남편이라고 할 수 있다. 이와 같은 아버지 또는 남편, 그리고 아내에 의한 성공적인 <실행> 후에 헤어진 가족은 다시 만나 이전처럼 굶주림에 대한 걱정 없이 풍족하게 살게 된다.

이럴 경우 <실행>도 <수행>과 마찬가지로 서사적 3분절로 구성된다. <원하는 것>(wanting)→<아는 것>(knowing)→<행하는 것>(being-able)이 그것이다. 이 같은 3분절의 순접구조에서 <원하는 것>의 양식적 가치는, 주체가 어떤 대상을 획득하려는 것이고. <아는 것>의 양식적 가치는, 주체가 <행하는 것>를 실현할 수 있도록 하는 것이며, 그리고 <행하는 것>의 양식적 가치는, 주체가 어떤 대상을 획득하기 위해 행동을 구체적으로 수행하는 것이다.[5]

[자료 1], [자료 2], [자료 3], [자료 4]에서 <실행>의 주체들이 획득하려는 대상은 모두 기근의 상황에서 벗어나게 해 줄 식량이다. 그들은 식량을 확보하기 위해

---

5) A. J. Greimas, *On Meaning*, Univ. of Minnesota Press, 1987, p.80.

집을 떠난 다음 다양한 과제들을 수행하게 된다.

이 때 주체들은 <원하는 것>을 획득하기 위해 다양한 양상의 <아는 것>을 통해 <행하는 것>을 수행한다. [자료 1]에서는 남편이 '칼라우' 집에 식량이 많이 있다는 것을 알고 그것으로 기근을 해결하려고 한다. [자료 2]에서는 아버지가 순록 부족 집에 건어가 많이 있다는 것을 알고 그것을 훔쳐 와서 기근을 해결하려고 한다. [자료 3]에서는 남편 또는 아버지가 배설물로 기근을 해결할 수 있다는 것을 알고 아내와 딸에게 구체적인 행동을 지시한다. [자료 4]에서는 남편이 <큰-까마귀> 집에 식량이 많이 있다는 것을 알고 그것을 훔쳐 와서 기근을 해결하려고 한다.

이처럼 주체는 <아는 것>을 통해 <원하는 것>을 얻으려고 시도한다. [자료 1]에서는 남편과 아내는 많은 식량이 있는 '칼라우' 집을 빼앗기 위해 속임수를 쓴다. 그가 '칼라우'와 함께 집과 창고의 주인이 누구인지 그들에게 물어보는 것은 일종의 속임수다. 그 집과 창고는 애초부터 '칼라우'의 것이기 때문이다. 그 후 그의 아내 '미티'가 '칼라우'의 아내 '칼라나우트'와 함께 여러 사물들의 주인이 누구인지 그들에게 물어보는 것도 일종의 속임수다. 여러 사물들의 주인은 원래 '칼라우'의 아내이기 때문이다. 결국 남편과 아내는 '칼라우' 집을 빼앗아 기근을 해결한다. 이런 과정에서 '테난토므완':'미티'::'칼라우':'칼라나우트' 사이에 속임/속음이라는 이원적인 대립항이 내재되어 있음은 물론이다. [자료 2]에서는 아버지가 자신의 성기를 까마귀로 변신시킨 다음 순록 부족의 건어를 훔쳐오도록 했다. 아버지는 절도를 통해 자신에게 닥친 기근을 해결하고 있는 셈이다. [자료 3]에서는 아버지가 기근을 해결하기 위해 아내, 딸과 함께 배설물을 먹는다. 코략족은 <큰-까마귀>를 창조자와 동일시한다.[6] 결국 그의 아내, 아들, 딸도 모두 까마귀인 셈이다. 따라

---

6) W. Jochelson, op. cit., p.17.

서 <큰-까마귀> 가족들은 배설물을 게걸스럽게 먹는 습성[7]을 통해 기근을 일시적으로 해결한다. [자료 4]에서는 남편이 아내에게 <큰-까마귀> 집에서 식량을 훔쳐오도록 하였다. 그러나 아내가 순록 고기 대신 개고기를 훔쳐오자, 그는 직접 <큰-까마귀> 집으로 날아가서 순록의 콩팥을 먹은 후에 순록 고기 조각을 계속 집으로 훔쳐갔다. 그들은 그것으로 기근을 일시적으로 해결한다.

[자료 1], [자료 2], [자료 3], [자료 4]는 모두 <결핍>→<수행>→<해소>의 서사적 3분절로 구성되어 있고, 또 <수행>은 <출발>→<실행>→<귀환>의 서사적 3분절로 구성되어 있으며, 다시 <실행>은 <원하는 것>→<아는 것>→<행하는 것>의 서사적 3분절로 구성되어 있다. 이 같은 3중적인 3분절의 순접구조를 보이는 [자료 1], [자료 2], [자료 3], [자료 4]의 신화적 의미는 궁극적으로 바닥이 드러난 식량을 구하여 기근을 극복한 다음 식량이 풍족한 삶을 영위하고자 하는 데 있다.

이상에서 설명한 것을 도표화하면 다음과 같다.

	결핍	수행					해소
		출발	실행			귀환	
			원하는 것	아는 것	행하는 것		
[자료 1]	기근	가족 분리	식량	'칼라우'에게 많다.	속임수	가족 재회	풍요
[자료 2]				순록 부족에게 많다.	절도		
[자료 3]				배설물을 먹는다.	습성		
[자료 4]				<큰-까마귀>에게 많다.	절도		

---

7) Ibid., p.117.

위의 도표에서 알 수 있는 것처럼, 코랴족 기근신화는 근본적으로 <수행>을 통해 기근이라는 <결핍> 상황을 풍요라는 <해소> 상황으로 역전시키는 과정을 보여준다. 이러한 과정의 성취는 코랴족의 생존과 밀착되어 있다. 그만큼 그들의 신화에서 기근과 풍요가 중요하게 취급되는 이유는 여기에 있다. 그리고 <수행>의 과정에서 우선 행위의 주체는 기근을 해결하기 위해 집을 떠난다. <출발>을 통해 가족과 분리된 행위의 주체는 풍요의 성취를 위해 일정한 과정을 <실행>한 후에 다시 가족과 만나게 된다. <실행>의 과정에서 행위의 주체가 <원하는 것>은 식량이다. 그는 <원하는 것>에 대한 정보, 즉 <아는 것>을 얻은 후에 <원하는 것>을 획득하기 위해 실제적으로 행동한다. 이 같은 <행하는 것>은 속임수나 절도, 그리고 습성 등 다양한 방식으로 나타난다. 이처럼 코랴족 기근신화의 서사구조는 성공적으로 식량의 풍요를 달성함으로써 그들에게 당면한 기근을 해소하는 과정을 근간으로 하고 있다.

3. 코랴족 축제와 풍요 기원

코랴족은 순록 유목, 바다동물 사냥, 어로, 육지동물 사냥을 바탕으로 경제활동을 한다. 이런 경제활동의 결과는 그들의 생존문제와 직결된다. 따라서 코랴족은 경제활동에서 풍족한 결과를 획득하기 위해 다양한 종교적인 축제를 거행한다. 해양 코랴족(Maritime Koryak)의 고래 축제와 순록 코랴족(Reindeer Koryak)의 순록 축제, 그리고 해양, 순록 코략족의 공통적 축제인 곰 축제 등이 그것이다.[8] 생업의 례로 불리는 이 같은 축제에는 죽은 동물의 영혼이 그들의 세계로 돌아갔다가 다시 이전의 모습으로 코략족에게 나타나는 의례적 절차가 공통적으로 포함되어 있다. 코략족은 이런 축제를 통해 생존과 직결된 식량을 안정적으로 그리고 풍족하게 확보하고자 한다.

코략족의 대표적인 생업의례 가운데 하나인 고래 축제의 절차는 다음과 같다.

≪고래를 잡으면 축제를 주최하는 여자들은 따뜻한 냉과리와 의례용 풀에 싸인 열매를 가지고 고래에게 간 다음 주문을 외우면서 오리나무 가지로 먹인다. 고래가 자신의 머리를 자르는 것을 보지 못하도록 풀로 만든 두건으로 덮는다. 축제는 집에서 거행한다. 축제 장소 왼편에 '집의 보호자'인 나무로 만든 부싯돌과 삶은 고래 코 조각, 지느러미 그리고 꼬리를 매단다. 그 날 밤에 본격적인 축제를 거행한다. 고래 머리를 집으로 가져와 화덕 위 횡목에 놓는다. 고래 머리를 향해 인사한 다음 성대한 대접을 한 주인을 찾아오도록 친척들에게 잘 말해줄 것을 부탁한다. 축제 주최자는 고래 기름을 호부(護符)에 바르고, 또 화덕의 불에게 제물을 바친다. 접대 후에 작은 바다동물의 견갑골로 점을 친다. 그 뼈에 생긴 금으로 고래가 바다에 무사히 도달했는지, 또 마을의 거주자를 방문하도록 다른 고래를 부르는지 판별한다. 축제 후 닷새 째 날 주인과 그의 친척들이 고래를 '보내는' 행사에 참가한다. 고래가 길 떠날 차비를 마친 여자들은

---

8) 축제들의 구체적인 양상은 다음 글 참조.
  W. Jochelson, op. cit., pp.65-90 ; И. С. Гурвич, "Корякские Промысловые Праздники", Сибирский Этнографический Сборникб, IV, Москва, 1962, pp.238-251.

풀로 만든 가면을 쓴다. 주인은 노인들의 도움을 받아 고래가 바다로 무사히 돌아간 흔적을 찾아내기 위해 의례용 열매들을 살펴본다.≫[9]

고래 축제의 본질적인 부분은 ①죽은 고래가 마을을 방문하는 것, ②죽은 고래가 마을에 머무는 동안 성대한 접대를 받는 것, ③바다로 돌아간 죽은 고래가 내년에 다시 마을을 방문하는 것, ④죽은 고래가 성대한 접대를 친척들에게 말한 후 함께 올 수 있도록 그들에게 권유하는 것 등의 관념을 기초로 한다.[10] 이러한 관념은 대상 동물만 달라질 뿐 코랴족의 다른 축제, 즉 순록 축제와 곰 축제에서도 그대로 드러난다.[11]

코랴족의 세계관에는 삶의 연속성에 대한 관념이 반영되어 있다.[12] 이 관념에 따르면, 모든 살아있는 존재는 결코 사라지지 않는다. 그들은 사후에 '이' 세계에서 '저' 세계로 이동하고, 일정한 시간이 흐른 후 다시 '저' 세계에서 '이' 세계로 이동한다.

이 같은 세계관에 따라 코랴족은 동물을 순조롭게, 그리고 풍족하게 획득하기 위해 생업의례를 거행한다. 코랴족에게 살해된 동물의 영혼은 자신의 세계로 이동한 후 새로운 몸을 얻어 다시 이전의 모습으로 그들에게 나타난다. 이를 위해 코랴족은 생업의례 때 규범에 따라 죽은 동물을 숭배하면서 그를 이전의 '집'으로 돌려보내고, 부활한 동물을 호의적으로 다시 '만나려고' 노력한다.[13]

---

9) А. И. Крушанова, История и Культура Коряков, Сант-Петербург, 1993, p.123.

10) W. Jochelson, op. cit., p.66.

11) А. И. Крушанова, op. cit., pp.123-128.

12) В. В. Антропова, "Представления Коряков о рождении, Болезни и Смерти", И. С. Вдовин ed., Природа и Человек в Религиозных Представления Народов Сибири и Севера, Ленинград, 1976, p.262.

13) А. И. Крушанова, op. cit., p.123.

이 같은 목적으로 거행되는 의례는 환유적인 증식의례 체계를 보인다.[14] 동물의 정령과 사람, 자연계와 문화계, 그리고 생산과 소비 사이에 형성된 인접관계에서 매개 역할을 하던 동물이 죽음으로써 인접성의 공백이 발생한다. 이때 인접성의 공백을 재건하기 위해 거행하는 것이 곧 코랴족의 각종 생업의례이다. 동물의 정령이 다시 동물을 코랴족에게 보냄으로써 동물의 정령과 사람 사이의 인접관계는 복원된다. 따라서 이러한 의례는 동물의 부활 또는 재생을 기원하는 증식의례라고 할 수 있다.

코랴족은 사냥한 동물을 음식으로 이용할 때 일련의 규범을 준수한다.[15] 죽은 동물의 뼈를 보관하거나 그 동물의 영혼이 자신의 세계로 돌아가는 길을 준비함으로써 죽은 동물을 숭배한다. 그 결과 자신의 세계로 돌아간 죽은 동물의 영혼은 이전의 모습으로 코랴족에게 다시 가도록 허락을 받고, 또 친척들로 하여금 코랴족의 나라를 방문하도록 권유한다. 이것은 곧 코랴족에게 사냥할 동물이 많다는 것을 의미한다. 따라서 죽은 동물의 영혼을 그의 '집'으로 '돌려보내고', 부활한 그 동물을 호의적으로 다시 '만나려는' 생업의례의 결과는 식량을 확보하려는 코랴족의 경제활동에 중대한 영향을 미친다.

이러한 사실은 코랴족의 신화에서도 확인할 수 있다.

[자료 5]

'에멤쿠트'는 항상 고래를 사냥하여 마을로 가져온 후 고래축제를 거행하기 위해 이웃들을 불러 모았다. 그는 축제에 참석한 <까치-여자>와 <까치-남자> 그리고 <까마귀-여자>에게 춤을 추고 노래를 하라고 말했다.

---

14) C. Lévi-Strauss, *The Savage Mind*, The Univ. of Chicago Press, 1966, p.226.

15) И. С. Гурвич, op. cit., p.254.

춤과 노래가 끝나자 그는 배설하기 위해 밖으로 나갔다가 창고에 까치들이 앉아 있는 것을 보았다. 까치 가운데 한 마리가 "순록 배설물, 개 배설물!" 하면서 노래했다. '에멤쿠트'는, '우리가 언제 순록 배설물과 개 배설물을 먹었느냐? 거짓말하지 마라'고 소리쳤다. 그러자 까치는 무안해 하면서 멀리 날아가 버렸다. 그는 다시 집 안으로 들어갔다. <까마귀-여자>는 '위네아네우트'가 개 가죽을 벗기는 것을 도왔다. '위네아네우트'가 잠시 자리를 비웠을 때 <까마귀-여자>는 재빠르게 개 눈 한 개를 쪼아 먹었다. '위네아네우트'가 <까마귀-여자>에게 개 눈을 먹었느냐고 물었지만, 그녀는 그것을 먹지 않았다고 말했다. 그들은 개 가죽을 벗기고 집 안으로 들어갔다. 고래를 집으로 보내는 축제가 끝났다. 손님들은 고래 기름, 가죽, 그리고 고기를 가지고 집으로 돌아갔다. '에멤쿠트'는 계속 고래를 사냥했다.[16]

[자료 6]

창조자 '테난토므완'은 아버지 '토무겔', 어머니 '햐나'와 함께 살고 있었다. 어느 여름에 '토무겔'은 마을사람들과 함께 고래를 잡아 그 고기를 나누었다. 가을에 '토무겔'은 고래축제를 거행했다. 그러나 죽은 고래가 집으로 돌아기를 원하지 않아 그는 고래를 집으로 돌려보낼 수 없었다. 그는 앞으로 죽게 될 것이라고 예언하면서 집에 '테난토므완'을 혼자 남겨두고 아내와 함께 멀리 떠났다. 그때 '토무겔'은 '테난토므완'에게 활과 화살을 주었다. 바로 그때 <새벽-사람> '기틸릴란' 역시 고래를 집으

---

16) W. Jochelson, op. cit., pp.265-266.

로 돌려 보낼 수 없어서 딸 '미티'를 집에 홀로 남겨두고 떠났다. 그때 '기틸릴란'은 마멋[다람쥣과의 설치동물]과 함께 올가미를 딸에게 주었다. 어느 날 '테난토프완'이 사냥을 나갔다가 '미티'를 만났다. 그들은, 서로 자신들이 지상에 남은 유일한 남자와 여자라고 말하면서 혼인했다. 그들은 사냥을 하면서 살았다. 얼마 후 그들은 아들 '에멤쿠트'와 딸 '위네아네우트'를 낳았다. 그들은 딸을 낳은 후 그녀를 멀리 떨어진 다른 집에 데려다 놓았다. 오빠는 누이가 있다는 것을 몰랐지만, 누이는 오빠가 있다는 것을 알고 있었다. '에멤쿠트'는 매일 순록을 사냥하여 집으로 끌고 왔다. 어느 날 그는 사냥 후 집으로 돌아오다가 어떤 집을 발견하고 들어갔다. 그곳에 '위네아네우트'가 있었다. 그러나 그는, 그녀가 누이라는 사실을 알지 못하고 그녀와 혼인하려고 했다. 그녀가 거부했지만, 그는 그녀와 함께 집으로 돌아와 혼인했다. 그의 부모가 그를 나무랐지만 그는 계속 누이와 함께 살았다. 어느 날 '카막냐쿠'의 아내인 '위네아네우트'가 창조자의 집 근처에서 열매를 따다가 창조자의 딸 '위네아네우트'를 만났다. 창조자의 딸 '위네아네우트'는 새로 도착한 '위네아네우트'에게 자신의 남편이 오빠인 것이 부끄럽다고 말하면서 남편을 서로 바꾸자고 했다. 그들은 서로 남편을 바꾸었다. 새로 도착한 '위네아네우트'는 '에멤쿠트'의 아내가 되었고, 창조자의 딸 '위네아네우트'는 '카막냐쿠'의 아내가 되었다.[17]

[자료 5]와 [자료 6]은 코랴족의 생업의례 가운데 고래 축제와 관련된 신화다.

---

17) Ibid., pp.159-161.

이 신화에서 축제의 성공 여부와 식량 확보의 상관관계를 엿볼 수 있다. [자료 5]에서는 '에멤쿠트'가 죽은 고래를 '집'으로 돌려보내기 위한 고래 축제를 성공적으로 거행한 결과 그는 계속해서 고래를 잡을 수 있었다. 그러나 [자료 6]에서 '토무겔'은 고래 축제를 성공적으로 거행하지 못했다. 그는 고래를 '집'으로 돌려보낼 수 없었기 때문이다. 그 결과 그는 장차 죽게 될 것이라고 예언한다. 이것은 더 이상 고래를 잡을 수 없어 굶어죽게 될 것이라는 것과 관련된다. 실제로 코랴족은, 고래 축제에서 고래를 '집'으로 돌려보내지 못하면 기근과 다른 재난이 자신들을 위협한다고 믿는다.[18]

코랴족의 관념에 따르면, 사람이 죽은 후 그 영혼은 사자(死者)의 세계로 갔다가 다시 생자(生者)의 세계로 돌아온다. 사자의 영혼이 부활한다는 관념은 동물의 세계에도 투영된다. 따라서 코랴족의 생업의례는 죽은 동물의 부활을 기원하는 의례로서 사냥 대상의 재생산을 촉진하려는 행위라고 할 수 있다. 죽은 동물의 영혼을 성대하게 접대한 후 일련의 규칙을 준수하면서 그들의 세계로 돌려보내고, 그리고 새로운 몸을 얻어 다시 사람들의 세계로 돌아오기를 기원하는 것이 이런 의례의 근본적인 목적인 셈이다. 이 같은 죽은 동물 영혼의 '인도'와 '재회'는 생업과 관련된 시베리아 의례의 기초를 이룬다.[19]

---

18) А. И. Крушанова, op. cit., p.125.
19) И. С. Гурвич, op. cit., p.257.

제 4 장

축치족 신화론

Ⅰ. 축치족 창조신화의 양상과 구조

1. 축치족 창조신화 자료

[자료 1]

까마귀와 그의 아내가 매우 작은 땅에서 살고 있었다. 그 땅에 다른 사람은 없었고, 어떤 다른 생물도 전혀 없었다. 그녀는 남편 '쿠르킬'(ku'urkil)에게 땅을 만들 것을 요구했다. 그러나 그는 땅을 만들 수 없다고 말했다. 그러자 그녀는 잠을 자러 갔고, 그는 잠자는 그녀를 지켜보았다.

까마귀 몸통을 갖고 있던 그녀의 발이 점차 사람의 손가락으로 변했다. 그 후에 그녀는 희게 변했고, 깃털이 없어졌다. 그러나 그는 계속 까마귀 모습을 하고 있었다. 그녀는 잠을 자면서 어떤 노력도 하지 않고도 '쇠로 된 깃털을 가진 새' 세 마리를 낳았다. 또 그녀는 임신을 하여 사람 모습의 남자 쌍둥이를 낳았다. 아이들이 아버지인 까마귀를 비웃었다. 이때 까마귀는 땅을 만들기 위해 멀리 날아갔다. 먼저 그는 <새벽>, <한낮>, <천정>(天頂) 등 모든 호의적인 <존재>('바이르기트'va'irgit)들에게 가서 도움을 요청했지만 아무도 도와주지 않았다. 마지막으로 그는 하늘과 땅이 만나는 곳으로 갔다. 그 곳에 하늘과 땅의 마찰로 생긴 먼지에서 만들어진 사람들이 있었다. 그들은 사람을 증가시키려고 하였지만 땅이 부족했다. 까마귀는 그들과 함께 날아가 배변(排便)했다. 변이 물 위에 떨어져 땅이 되었다. 또 그는 소변을 보았는데, 한 방울 떨어진 곳은 호수가 되었고, 많이 떨어진 곳은 강이 되었다. 그 후 그는 단단한 물체를 배설했는데, 큰 조각은 산이 되었고, 작은 조각은 언덕이 되었다. 모든 땅이 지금처럼 되었다. 그리고 그는 더 멀리 날아가 자작나무, 포플라, 미루나무, 버드나무, 소나무, 오크나무 등을 도끼로 잘랐다. 소나무 토막은 해마와 북극곰이 되었고, 오크나무 토막은 바다표범이 되었으며 자작나무 토막은 큰 고래가 되었다. 다른 나무토막들은 모두 물고기, 게, 벌레, 바다에 사는 모든 종류의 생물이 되었고, 또 야생순록, 여우, 곰, 지상의 모든 사냥감이 되었다. 까마귀의 아이들도 사람이 되어 떠났다. 그들은 모두 남자여서 사람을 번식시킬 수가 없었다. 이때 작은 '거미-여자'가 매우 가느다란 실을 타고 위에서 까마귀가 있는 곳으로 내려왔다. 그녀는 저절로 임신한 후에 딸 네 명을 낳았다. 그들은 매우 빨리 자라서 성인이 되었다. 까마귀는 그들 가운데 한 명을 남자들에게 데리고 갔다. 그들은 사람을 증가시키는 방법을 몰랐다. 까마귀는 그들에게 사람을 증가시키는 방법을 가르쳐 주었다. 그들은 성교한 후에 사람들을 낳았다. 이렇게 해서 사람은 증가되었다.[1]

[자료 2]

예전에 어두웠다. 그때 두 개의 땅 '루렌'(лурэн)과 '케느이츠베우'(к эныгчвэу)가 있었다. <창조자>(творец)가 남쪽에 앉아서 빛을 만들 방법을 생각했다. <창조자>는 까마귀를 만든 다음 그로 하여금 새벽노을을 쪼아 구멍을 내도록 했다. 그러나 까마귀는 동쪽으로 날아가 부리로 구멍을 내려고 했지만 실패했다. <창조자>는 할미새를 만든 다음 그로 하여금 구멍을 내도록 했다. 할미새가 작은 구멍을 내고 돌아왔다. 그러나 <창조자>는 더 큰 구멍을 내도록 했다. 할미새가 더 큰 구멍을 내자 땅에 빛이 비치기 시작했다. 그 후 <창조자>는 땅으로 내려가 바다표범 뼈를 던지면서 말했다. "사람이 되어라!" <창조자>는 하늘로 돌아가 흰 자고새를 만들어 땅으로 내려 보냈다. 그러나 자고새는, 땅이 너무 멀어 도달하지 못하고 돌아왔다. <창조자>는 다시 부엉이를 만들어 땅 '루렌'으로 보냈다. 부엉이는 거기서 남자 두 명과 여자 두 명이 서 있는 것을 보았다. <창조자>는 또 붉은 암여우를 만들어 땅 '케느이츠베우'로 보냈다. 붉은 암여우는 거기에 도달하지 못했다. 그래서 붉은 암여우는 돌아와 <창조자>에게 그 곳에 땅도 없고 사람도 없다고 거짓말하였다. <창조자>는 흰

---

1) B. G. Bogoras, *The Jesup North Pacific Expedition, Vol. VIII, Part I -Chukchee Mythology*, New York, 1904, pp.151-154.

암여우를 만들어 그곳으로 보냈다. 흰 암여우는 거기서 돌로 만들어진 사람 네 명이 서 있는 것을 보고 놀랐다. 흰 암여우는 <창조자>에게 그 곳의 소식을 전하지 못했다. <창조자>는 다시 풀로 늑대를 만들어 그곳으로 보냈다. 늑대는 거기서 서 있는 사람을 보고 무서워서 돌아왔다. 늑대도 <창조자>에게 그곳의 소식을 제대로 전하지 못했다. <창조자>가 직접 땅으로 내려갔다. <창조자>는 여자를 데려와 얼굴을 위로 한 채로 눕게 했다. 그 후 남자를 데려와 여자 위에 엎드리게 했다. 그때부터 그들은 번창하여 부족을 이루게 되었다. <창조자>는 버드나무로 순록을 만들어 사람들에게 주었다. 그들은 순록을 잡아 그 고기를 먹었다. 그들은 순록 새끼가 태어나면 숫순록을 죽여 그 뿔을 제물로 바쳤고, 지방을 불에 던졌다. 또 그들은 나무로 만든 도구로 불을 피웠고, 순록이나 바다표범 가죽으로 옷을 만들어 입었다.[2]

[자료 3]

옛날에 남자 한 명이 있었다. 그가 키우던 순록 무리 절반이 숲으로 가 버렸다. 그는 순록 무리를 찾으러 갔다가 한 여자를 만나 그녀를 아내로 삼았다. 그들은 먼저 아들을 낳은 후에 다시 딸을 낳았다. 어머니가 젖을 주지 않는데도 아이들은 스스로 자랐다. 그 후 남매가 혼인하여 자식을 낳았고, 그 자식들은 또 서로 혼인하여 후손을 늘려갔다. 그들은 썰매를 타고 서쪽으로 갔다. 강도 없었고 별도 없었고 노을도 없었다. 그래서 이전처럼 항상 어두웠다. 사람들이 말했다. "어두워서 순록 무리를 지킬 수

---

2) В. Г. Богораз, Материалы по Изучению Чукотского Языка и Фольклора, Сант-Петербург, 1900, pp.158-159.

102   시베리아 고아시아족 신화론

가 없어! 어둠 속에서 어떻게 살지?" 그때 까마귀 '쿠르킬'이 빛을 구하도
록 작은 새를 보냈다. 작은새는 도중에 자고새를 만나 함께 빛을 구하기
로 했다. 작은새와 자고새는 <새벽>을 찾아가 구멍을 내다가 부리가 부
서졌다. 까마귀는 작은새와 자고새의 부리를 칼로 갈았다. 작은 새와 자
고새가 <새벽>을 쪼아 만든 구멍에서 노을이 떠올랐다. 그 때 '쿠르킬'은
해를 찾으러 '위의 세계'로 날아 올라갔다. 거기서 공놀이를 하는 여자아
이들을 보았다. 한 여자아이의 공을 빼앗아 위로 던졌는데 그것이 해가
되었다. 다른 여자아이의 공을 빼앗아 위로 던졌는데 그것은 달이 되었
다. 또 다른 여자아이의 공을 빼앗아 위로 찼는데 그것은 또 달이 되었다.
그 후 다시 한 여자아이의 공을 빼앗아 위로 던졌는데 그것은 별이 되었
다. 그리고 한 여자아이를 발로 찼는데 그 아이는 달에 달라붙었다. 그 아
이의 옷이 불에 타 검게 되었다. 그때 '쿠르킬'은, 사람들이 물을 마실 수
있도록 먼저 강을 만들고 그 다음에 물을 만들었다. 그 후에 바위와 새를
만들었다. '쿠르킬'은 다시 어두운 곳으로 가서 사람들에게 땅을 만들어
주었다. 어느 날 '쿠르킬'이 해와 달을 자신의 집으로 가지고 가버렸다.
그러자 세상이 다시 어두워졌고, 순록 무리는 사방으로 흩어졌다. 늑대가
'쿠르킬'에게 세상을 다시 비추도록 요구했지만 '쿠르킬'이 거절했다. 늑
대는 다시 '쿠르킬'에게 자신의 누이동생 두 명을 아내로 삼도록 제안했
다. '쿠르킬'은 그 제안을 받아들이고 해, 달, 별을 원래 있던 곳으로 옮겼
다. 늑대는 집으로 돌아와 누이동생들에게 까마귀가 오면 그의 혀를 묶으
라고 말했다. 까마귀가 도착하자 누이동생들은 까마귀의 혀를 실로 묶었

다. 그래서 까마귀는 더 이상 말을 할 수 없게 되었다.[3]

[자료 4]

옛날에 '켈레'(κele)[사악한 정령]가 해와 별을 숨겼어 세상에 해와 별이 없었다. 그때 자고새와 작은 새가 새벽노을에 구멍을 뚫어 빛을 구하려고 했지만 실패하고 부리만 부서져 짧아졌다. 그 후 까마귀가 직접 새벽노을을 쪼아 구멍을 만들자 빛이 내뿜어져 나왔다. 까마귀는 '켈레'의 집으로 갔다. 집 안에서 여자아이가 공놀이를 하고 있었다. 이때 까마귀가 공을 빼앗았다. 여자아이가 다른 공으로 놀이를 하자 다시 까마귀가 공을 빼앗았다. 여자아이가 또 다른 공으로 놀이를 하자 다시 까마귀가 공을 빼앗았다. 까마귀는 그 공을 가지고 밖으로 나와 발로 공을 찼다. 첫 번째로 찬 공이 하늘에서 갈라졌는데, 거기서 별이 나와 빛났다. 두 번째로 찬 공이 하늘에서 갈라졌는데, 거기서 달이 나와 빛났다. 세 번째로 찬 공이 하늘에서 갈라졌는데, 거기서 해가 나와 빛났다. 이때부터 해와 달, 그리고 별이 완전히 비치게 되었다.[4]

[자료 5]

세상이 어두웠다. 사람들은 검은 돌인 고기와 흰 돌인 지방(脂肪)을 먹었고, 그리고 장작불 빛으로 살았다. 까마귀 는 세상의 해를 훔쳐간 '켈레'의 세계로 날아갔다. '켈레'의 딸이 집에서 놀고 있었다. 까마귀 '쿠르킬'은 '켈레'의 딸을 속여 덮개 세 개로 싸여있던 해를 빼앗아 날아갔다.

---

3) Ibid., pp.160-162.
4) Ibid., pp.162-163.

'켈레'가 뒤좇았지만 따라잡을 수가 없었다. 까마귀는 덮개 세 개를 쪼아 구멍을 냈다. 거기서 해가 나와 위로 떠올랐다. 그 후 까마귀는 집으로 돌아와 식량을 마련하려고 했다. 버드나무를 빨로 찼는데, 그것이 순록 무리로 변했다. 모든 사람이 옷을 만들어 입었다. 까마귀는 물을 만들기 위해 땅 위의 세계로 내려왔다. 까마귀는 날개 하나를 땅에 질질 끌어 도랑을 만들었다. 그것을 따라 물이 흘렀다. 그리고 강과 바다를 만들었다. 그곳에서 살 물고기, 바다사자, 해마, 고래, 바다표범을 만들었다. 그 다음에 곰, 늑대, 여우를 만들었다. 까마귀는 이런 것들을 다 만든 후에 벼락이 되어 사람을 놀라게 하였다.[5]

[자료 6]

옛날에 까마귀와 '테난톰느이'(Тэнантомны)가 살고 있었다. 까마귀가 '테난톰느이'로 하여금 사람을 만들게 했다. 사람의 팔, 다리, 가슴, 등, 얼굴에 털이 덮여 있었다. 입에는 큰 이빨이 돋았고, 팔은 무릎까지 닿았다. 사람은 네 발로 달렸기 때문에 매우 강하고 민첩했다. 사람은 말할 수 있었고 불을 구할 수 없어 날 것을 먹었다. 까마귀는 '테난톰느이'로 하여금 사람이 지팡이에 기대어 늦게 걷도록 다시 만들게 했다. 사람의 몸에서 털이 벗겨져 머리와 얼굴, 그리고 성기(性器)에만 남았다. 옷을 입게 되었고, 팔은 짧아졌으며 지팡이에 기대어 걷게 되었다. 그러나 식량이 없었다. 까마귀는 '테난톰느이'로 하여금 순록을 만들게 하였다. 나무, 눈, 버드나무, 흙으로 순록을 만들었다. 사람은 순록을 방목했다. 까마귀

---

5) Ibid., pp.163.

는 또 '테난톰느이'로 하여금 개를 만들게 하였다. 나무로 개를 만들었다. 사람은 개를 타고 다녔다.[6)]

[자료 7]

땅에 사람이 없었다. 하늘에서 창조자 '테난톰느이'와 '탄긴'(Таньги н)이 땅에 내려와 서로 싸웠다. 그들은 싸움을 멈추고 사람을 만들기로 하였다. '테난톰느이'가 흙으로 벌거벗은 사람을 만들었다. '탄긴'이 털이 없어 불완전한 사람이라고 말하자 '테난톰느이'가 풀을 엮어서 입혔다. 다시 '탄긴'이 나뭇잎을 진흙과 섞어서 팔에 발랐다. 그들이 만든 사람이 말을 하지 못하자 '탄긴'이 종이에 글을 써서 사람에게 주었다. 그러나 사람은 계속 말하지 않고 침묵했다. 그러자 '테난톰느이'는 '탄긴'에게 사람을 잘못 만들었다고 말한 후에 까마귀로 변하여 사람에게로 날아갔다. 까마귀가 울자 사람이 따라 울었는데, 그때부터 사람이 말로 대화했다. 그후 '테난톰느이'는 손가락을 발가락 틈에 넣어 돌렸다. 거기서 불을 얻어 사람에게 주었다. '테난톰느이'는 까마귀로 변하여 신(神)적인 존재 '아 난-바으이르그인'(Анан-ваыргын)이 살고 있는 하늘로 올라갔다. '테 난톰느이'는 '아난-바으이르그인'으로부터 야생순록을 얻어 땅으로 가져 왔다. 야생순록을 땅에 풀어놓자 어둠 속으로 달아났다. '테난톰느이'는 다시 까마귀로 변하여 하늘로 올라가 신(神)적인 존재로부터 암순록과 숫순록 두 마리를 얻어 땅으로 가져왔다. 사람들은 큰 불을 피우고 큰 소리를 외치면서 순록을 마중했다. 순록은 땅에서 많이 번식되었다. 여름에

---

6) Ibid., pp.164.

순록 무리가 나타나면 사람들은 큰 소리를 외치면서 순록을 맞이한다. 그리고《뿔 축제》를 거행할 때 '테난톰느이'에게 순록의 뿔과 뇌수를 바친다. 유목 코랴족은 '테난톰느이'가 만들었고, 정착 코랴족은 '탄긴'이 타고 온 개의 배설물에서 만들어졌다. 땅에 아직 해는 없었고 다만 달빛만 있었다. '테난톰느이'는 하늘로 올라가 해를 훔쳤다. '테난톰느이'는 해를 입안에 숨겨 땅으로 내려왔다. 해를 훔친 사람을 찾기 위해 하늘에서 '탄긴' 두 명이 내려왔다. '탄긴'은 '테난톰느이'의 옷 안과 겨드랑이 아래를 보았지만 해를 찾을 수가 없었다. '탄긴'이 하늘로 돌아간 후 '테난톰느이'는 입에서 해를 방출했다. 해는 하늘로 올라가 빛났다.[7]

[자료 8]

태초에 땅에 한 사람만 살고 있었다. 그는 아무것도 몰랐고, 벌거벗은 채로 옆으로 누워 있었다. <창조자>가 바다에서 물고기를 잡아 그에게 가져왔다. 그는 어떻게 먹는지 몰랐다. <창조자>는 그에게 물고기를 먹는 방법을 알려주었다. 그리고 <창조자>는 그에게 앉는 방법도 알려주었다. 며칠 후 <창조자>가 그를 찾아왔다. 그에게 배설하는 방법을 알려주었다. <창조자>는 바다표범을 잡아 그에게 가져왔다. 그는 그 고기를 먹는 방법을 몰랐다. <창조자>는 그에게 칼로 고기를 잘라 먹는 방법을 알려주었다. 그때부터 그는 모든 것을 칼로 잘라 먹었다. 그는 자신의 배설물 위에 앉거나 누웠다. 며칠 후 <창조자>가 그를 찾아왔다. 그에게서 고약한 냄새가 났다. <창조자>는 그에게 걷는 방법을 알려주었다. 그때부

---

7) Ibid., pp.167-169.

터 그는 다른 곳으로 가서 배설하였다. 며칠 후 <창조자>는 야생순록과 해마를 가지고 그를 찾아왔다. 그는 이 고기를 잘라 먹은 후에 다른 곳으로 가서 배설했다. <창조자>는 자신의 갈비뼈를 뽑아 그것으로 여자를 만들어 그의 친구로 삼게 했다. 며칠 후 <창조자>가 그를 찾아왔다. <창조자>는, 그가 후손을 낳아 부족을 이룰 수 있도록 그에게 모포를 주면서 여자와 함께 덮도록 했다. 그들은 서로 껴안았다. 이튿날 <창조자>는 암순록과 숫순록을 데려와 그에게 유목하는 방법을 알려주었다. 그 후 사람들이 한 숙박지에서 부싯돌을 잃어버렸는데 그것은 러시아인이 되었고, 다른 숙박지에서 벙어리장갑을 잃어버렸는데 그것은 퉁구스인이 되었다.[8]

[자료 9]

어떤 사람이 누이와 함께 살고 있었다. 그들에게는 순록이 없었다. 그가 아침부터 저녁까지 잠을 자기 때문에 그들에게는 식량이 없었다. 그들은 흙과 돌을 먹었다. 이때 누이는 오빠에게 그만 자라고 말하면서 올케를 구하기 위해 집을 떠났다. 누이는 집으로 돌아와 오빠에게 올케를 데려오라고 말했다. 그는 자신의 아내를 데려와 셋이서 살았다. 아직 그들에게는 식량도 없었고, 이웃도 없이 홀로 살았다. 누이는 오빠에게 호수 주위에 있는 야생순록을 몰고 오라고 말했다. 또 호수 주위의 풀을 뜯어 땅으로 던지면 사람이 될 것이라고 말했다. 그가 호수에 가니 정말 야생순록이 있었고, 또 호수 주위의 풀을 뜯어 던지니 정말로 사람이 되었다.

8) Ibid., pp.169-170.

그는 야생순록을 몰고 집으로 돌아왔다. 그때부터 사람과 순록이 증가되었다.[9]

2. 축치족 창조신화의 양상과 구조

축치족 창조신화는 창조의 주체와 대상, 그리고 재료의 층위에서 다양한 양상을 보여준다.

먼저, 축치족 창조신화에서 창조의 주체와 대상이 다양하게 언급된다. [자료 1]에 나타난 창조의 주체는 까마귀와 '거미-여자'이고, 창조의 대상은 사람과 세계, 그리고 동물이다. 땅에 사람과 어떤 동물도 전혀 없던 때에 까마귀 '쿠르킬'의 아내는 남자를 낳았고, '거미-여자'는 여자를 낳았다. 또 까마귀는 지금의 모습대로 땅과 호수, 강, 산, 언덕, 해마, 바다표범, 북극곰, 고래, 물고기, 게, 벌레, 바다생물, 야생순록, 여우, 곰을 만들었다. 까마귀의 아내와 '거미-여자', 그리고 까마귀는 세상에 지금 상태로 존재하는 것들을 처음으로 있게 한 창조자의 성격을 갖는다.

창조의 재료도 다양하게 언급된다. 사람은 생물학적으로 태어나기도 하고, 하늘과 땅의 마찰로 생긴 먼지로 만들어지기도 한다. 또 세계와 동물도 다양한 재료로 창조된다. 땅은 까마귀의 대변에서, 호수와 강은 까마귀의 소변에서 생겨났다. 산과 언덕은, 까마귀가 배설한 단단한 물체에서 생겨났다. 해마와 북극곰은 소나무에서, 바다표범은 오크나무에서, 고래는 자작나무에서, 물고기, 게, 벌레, 바다생물, 야생순록 등은 포플라, 미루나무, 버드나무 등에서 생겨났다.

---

9) Ibid., pp.175-176.

[자료 2]에 나타난 창조의 주체는 할미새와 <창조자>이고, 창조의 대상은 사람과 세계, 그리고 동물이다. 까마귀가 <창조자>의 명령을 수행하지 못한 후에 할미새는 그의 명령에 따라 어두운 땅에 처음으로 빛이 비치게 하였다. 또 <창조자>는 직접 사람[남자]을 만들었고, 또 그가 사람을 번식시킬 수 있도록 여자를 땅에 데려왔다. 이와 함께 <창조자>는 순록을 만들어 사람에게 주었다.

창조의 재료는 바다표범 뼈와 버드나무이다. <창조자>는 바다표범 뼈로 사람을 만들었고, 버드나무로 순록을 만들었다.

[자료 3]에 나타난 창조의 주체는 한 쌍의 남녀와 작은새, 자고새, 그리고 까마귀이고, 창조의 대상은 사람과 세계, 그리고 동물이다. 한 쌍의 남녀가 세상에 사람을 증가시켰다. 그 남녀가 사람들의 '최초의 조상'인 셈이다. 그 후 그들이 낳은 남매가 서로 혼인하여 자식을 낳았고, 그 자식들이 다시 서로 혼인하여 후손을 늘려갔다. 이 과정에서 남매혼이 이루어졌다.[10] 그리고 작은새와 자고새는 까마귀 '쿠르킬'의 명령에 따라 항상 어두운 세상을 밝히기 위해 빛을 구하러 떠났다. 결국 그들은 <새벽>을 쪼아 만든 구멍에서 노을이 떠오르도록 했다. 이에 더하여 까마귀가 직접 '위의 세계'로 날아 올라가 빼앗은 공에서 해와 달, 그리고 별이 생성되었다. 작은새와 자고새, 그리고 까마귀가 어두운 세상에 지금처럼 빛이 있게 하였다. 또 까마귀는 사람을 위해 강과 물, 바위와 새를 만들었다. 까마귀가 "강도 없었고 별도 없었고 노을도 없었던" 세상에 세계와 동물을 처음으로 만든 셈이다.

까마귀가 해와 달, 그리고 별을 만든 재료는 공이다. 까마귀가 '위의 세계'에서 공놀이를 하고 있던 여자아이에게서 빼앗은 공이 해와 달, 그리고 별로 변했기 때

---

10) 축치족의 혼인풍속에서 근친혼 가운데 사촌혼, 남매혼, 부녀(父女)혼 등이 알려져 있다. 특히, 축치족 신화에서는 '최초의 창조 때' 남매의 혼인에 의해 후손이 번창되기도 한다.
B. G. Bogoras, *The Jesup North Pacific Expedition, Vol. Ⅶ, Part Ⅲ-The Chukchee*, New York, 1904, pp.576-578.

문이다.

[자료 4]에 나타난 창조의 주체는 까마귀이고, 창조의 대상은 세계이다. 먼저 까마귀가 새벽노을에 구멍을 뚫어 빛이 비치게 하였다. 또 까마귀는 '켈레'의 집에서 놀고 있던 여자아이에게서 빼앗은 공을 위로 차올렸다. 그 갈라진 공에서 해와 달, 그리고 별이 나와 빛났다. '켈레'가 해와 별을 훔쳐 갔기 때문에 세상이 어두웠다. 이때 까마귀는 해와 달, 그리고 별을 되찾아 어두운 세상을 다시 밝게 하였다.

[자료 5]에 나타난 창조의 주체는 까마귀이고, 창조의 대상은 세계와 동물이다. '켈레'가 해를 훔쳐가 세상이 어두웠다. 이때 까마귀 '쿠르킬'이 그 해를 되찾아 다시 세상에 비치게 했다. 또 까마귀는 물, 강, 바다 등 자연, 그리고 물고기, 바다사자, 해마, 고래, 바다표범 등 바다동물과 순록, 곰, 늑대, 여우 등 육지동물을 만들었다.

까마귀가 순록을 만든 재료는 버드나무이다. 까마귀가 식량을 마련하기 위해 발로 찬 버드나무가 순록으로 변했다.

[자료 6]에 나타난 창조의 주체는 '테난톰느이'이고, 창조의 대상은 사람과 동물이다. '테난톰느이'는 까마귀의 명령에 따라 사람을 만들었다. 그러나 그 사람은 불완전하였다. '테난톰느이'는 까마귀의 명령에 따라 다시 완전한 사람을 만들었다. 또 순록과 개도 만들었다.

'테난톰느이'는 나무, 눈, 버드나무, 흙으로 순록을 만들었고, 나무로 개를 만들었다.

[자료 7]에 나타난 창조의 주체는 '테난톰느이'이고, 창조의 대상은 사람과 세계, 그리고 동물이다. '테난톰느이'는, 사람이 없었던 세상에 처음으로 사람을 만들었고, 불을 얻어 사람에게 주었다. 또 하늘에서 순록을 얻어 땅으로 데려왔다. 그리고 세상에 해가 아직 없을 때 '테난톰느이'는 하늘로 올라가 해를 훔쳐 땅으로 가

저왔다.

'테난톰느이'가 사람을 만든 재료는 흙이다.

[자료 8]에 나타난 창조의 주체는 <창조자>와 한 쌍의 남녀이고, 창조의 대상은 사람이다. <창조자>는 여자를 만들었다. 그 후 여자는 이미 땅에 혼자 살고 있던 남자와 혼인하여 세상에 사람을 증가시켰다.

<창조자>가 여자를 만든 재료는 갈비뼈이다. 그는 자신의 갈비뼈를 뽑아 여자를 만들어 남자에게 친구로 보냈다.

[자료 9]에 나타난 창조의 주체는 오빠이고, 창조의 대상은 사람이다. 오빠는 누이의 명령에 따라 사람을 만들었다.

오빠가 사람을 만든 재료는 풀이다. 사람은, 오빠가 땅에 던진 풀에서 생겨났다.

이상에서 설명한 축치족 창조신화의 양상을 도표화하면 다음과 같다.

	주체	대상	재료
[자료 1]	까마귀의 아내	사람	⊘
	⊘	사람	먼지
	거미-여자	사람	⊘
	까마귀	땅	대변
		호수, 강	소변
		산, 언덕	배설물
		해마, 북극곰	소나무
		바다표범	오크나무
		고래	자작나무
		물고기, 게, 벌레, 바다생물, 야생순록	포플라, 미루나무, 버드나무
		여우, 곰	⊘

[자료 2]	할미새	빛	⊘
	<창조자>	사람	바다표범 뼈
		자고새, 부엉이, 암여우	⊘
		늑대	풀
		순록	버드나무
[자료 3]	남자와 여자	사람	⊘
	작은새와 자고새	빛	⊘
	까마귀	해, 달, 별	공
		강, 물, 땅, 바위	⊘
[자료 4]	까마귀	빛	⊘
		해, 달, 별	⊘
[자료 5]	까마귀	해	⊘
		순록	버드나무
		물, 강, 바다, 물고기, 바다사자, 해마, 고래, 바다표범, 곰, 늑대, 여우	⊘
[자료 6]	'테난톰느이'	사람	
		순록	나무, 눈, 버드나무, 흙
		개	나무
[자료 7]	'테난톰느이'	사람	흙
		불	⊘
		순록, 해	⊘
[자료 8]	<창조자>	사람	갈비뼈
	남자와 여자	사람	⊘
[자료 9]	오빠	사람	풀

위 도표에서 알 수 있는 것처럼 축치족 창조신화에 나타난 창조의 주체는 일반적으로 <창조자>, '테난톰느이', '까마귀', '새', '사람' 등이다. 이럴 경우 <창조자>는 창조자로서의 역할뿐만 아니라 문화영웅으로서의 역할도 수행한다. [자료 2]에서 <창조자>는 사람들에게 성행위를 통해 사람을 번식시키는 방법을 가르쳐 주었다. <창조자>의 이런 역할은, 사람들이 나무로 만든 도구로 불을 피웠고 동물 가죽으로 옷을 만들어 입었다는 사실에서도 드러난다. 그리고 [자료 8]에서도 <창조자>는 사람에게 물고기 먹는 방법, 앉는 방법, 배설하는 방법, 고기를 먹는 방법, 걷는 방법을 가르쳤고, 또 성행위를 통해 사람을 번식시키는 방법과 유목하는 방법을 가르쳤다.

'테난톰느이'는 축치족에게 널리 알려진 창조자의 이름이다. 다른 자료에서는 '테난톰느이'가 '테난톰그인'(Тэнантомгын)으로 불리기도 한다. 축치족의 관념에서 '테난톰느이'는 창조자로서의 북극성과 동일시된다.[11]

'까마귀'는 추코트반도와 캄차카반도의 고아시아족 이야기에서 주로 창조자 또는 문화영웅으로서 등장한다.[12] 축치족 신화에서 '쿠르킬'이라고 불리는 까마귀는 창조자와의 연관성을 갖고 있다. [자료 7]에서 '테난톰느이'가 가끔 까마귀로 변신하는 것도 이와 무관하지 않다. 이와 더불어 까마귀는 문화영웅의 속성도 갖고 있다. [자료 1]에서 까마귀가 사람들에게 성행위를 통해 사람을 증가시키는 방법을 가르쳐 주고 있기 때문이다.

할미새, 작은새, 자고새 같은 '새'도 축치족 창조신화에서 창조자의 역할을 수행한다. [자료 2]에서 할미새, [자료 3]에서 작은새와 자고새는 어두운 세상에 처음으

11) В. Г. Богораз, op. cit., p.5.

12) Е. М. Мелетинскиц, "Мифы о Вороне у Чукчей", Палеоазиатский Мифологический Эпос, Москва, 1979, p.21.

로 빛이 비치게 하였다. 이때 새의 부리는, 빛이 비치도록 새벽노을이나 <새벽>을 쪼아 구멍을 내기에 적합한 도구로 인식되기 때문이다.

'사람'도 축치족 창조신화에서 창조자로서 등장한다. [자료 3]과 [자료 8]의 남자와 여자는 성적인 결합을 통해 그들 이외에 아무도 없는 세상에 처음으로 사람들이 있게 하였다. 그들은 '최초의 조상'으로 간주된다.

창조의 대상은 일반적으로 세계, 사람, 동물 등이다. 이런 대상물들의 창조는 근본적으로 축치족이 거주하는 북극의 자연환경의 틀 속에서 이루어진다.[13] 축치족은, 그들이 거주하는 지역의 땅, 산, 언덕, 바위, 물, 강, 호수의 창조에 대해 이야기할 뿐만 아니라 불, 빛, 해, 달, 별의 창조에 대해서도 이야기한다. 특히, 후자는 오랜 기간 동안 추위와 어둠 속에서 생활해야 하는 축치족의 삶에서 매우 중요한 것들이다. 또 광활한 지역에서 생활해야 하는 축치족에게는 이웃이 필요하다. 이런 이유로 축치족은 사람의 창조 또는 증가에 대해 관심을 갖는다. 마지막으로 창조의 대상으로 각종 동물이 많이 등장한다. 축치족의 삶은 완전히 수렵과 어로, 그리고 순록사육에 의존한다. 따라서 축치족의 생존을 보장해 줄 육지동물과 바다동물의 창조는 그들의 중요한 관심사가 될 수밖에 없다. 이처럼 축치족 창조신화에 나타난 창조의 대상물은 북극지역에서 그들의 생존을 위한 최소한의 조건들이다.

창조의 재료는 일반적으로 흙이나 먼지, 각종 나무나 풀, 배설물, 공 등이다. 사람은 먼지([자료 1])나 흙([자료 7])으로 만들어졌다. 이런 관념은 대부분의 시베리아 민족들에게서도 보인다.[14] 그러나 이런 관념은 성경에서도 보이는 것처럼 세계 여러 민족에게서 보편적으로 나타나는 것이다.[15] 이 이외에도 바다표범 뼈([자료 2])

---

13) И. С. Вдовин, "Природа и Человек в Религиозных Представлениях Чукчей", Природа и Человек в Религиозных Представлениях Народов Сибири и Севера, Ленинград, 1976, p.227.

14) Uno-Holmberg, The Mythology of All Races, Vol. IV, New York, 1964, pp.371-373.

15) 사람이 흙으로 만들어졌다는 것은 우리의 무속신화(강춘옥본 <셍굿>)에서도 보인다.

나 풀([자료 9])이 사람으로 변형되기도 한다. 축치족의 관념에 따르면, 자연현상이나 천체, 그리고 동식물 등은 사람의 특성을 지닌다.[16] 그것들 사이에는 서로 질적인 차이가 없기 때문에 바다표범 뼈나 풀이 사람으로 변형될 수 있고, 또 그 역도 가능하다. [자료 1]과 [자료 5]에서 각종 나무가 육지동물이나 바다동물로 변형되었다는 것도 이와 무관하지 않다. [자료 8]에서는 남자의 갈비뼈로 사람[여자]을 만들었다. 여자를 남자의 갈비뼈로 만들었다는 관념은 기독교의 영향을 받은 것으로 보인다.[17]

[자료 2]와 [자료 6]에서는 각종 나무로 개나 순록 같은 동물을 만들었다. 이럴 경우 나무는 생명을 주는 나무 또는 영혼을 기르는 나무, 즉 '생명수'로 간주된다. 어떤 생명체가 나무에 의해 창조된다는 관념은 보편적으로 나타난다. 특히, [자료 6]에서 눈으로 순록을 만들었다는 관념은 눈으로 사람을 만들었다는 시베리아 보굴족의 관념과 유사하다.[18] 이처럼 축치족 창조신화에 나타난 창조의 재료들은, 그들이 생활하는 자연환경과 밀접히 관련되어 있다.

축치족 창조신화는 서두에서 세상의 혼돈에 대해서 언급한다. 그 혼돈은 '지금 상태로 존재하는 세상'과 다른 상황을 말한다. [자료 1]에서 땅은 매우 작았고 세계, 즉 자연물은 없었다. 또 그 땅에는 어떤 사람도 동물도 없었다. [자료 2]에서 옛날에 어두웠고 땅에는 사람과 동물이 없었다. [자료 3]에서 옛날에 사람은 적었고 항상 어두웠으며 자연물은 처음부터 없었거나 사라졌다. [자료 4]에서 어두웠고 처음에 있던 자연물은 없어졌다. [자료 5]에서 어두웠고 처음에 있었던 자연물은 없어졌다. [자료 6]에서 옛날에 사람과 동물은 없었다. [자료 7]에서 땅에는 사람과

---

16) И. С. Вдовин, op. cit., p.234.

17) 축치족은 18세기 이후 러시아 정교의 영향을 본격적으로 받기 시작했다.
   B. G. Bogoras, op. cit., p.723.

18) Uno-Holmberg, op. cit., p.373.

동물이 없었고, 처음에 있었던 자연물은 없어졌다. [자료 8]에서 태초에는 남자 한 사람만 있었는데, 그 후에 여자 한 사람이 만들어졌다. [자료 9]에서 옛날에 사람이 적게 살고 있었다. 이것은 축치족 창조신화의 시작 상황이다. 각 자료의 시작 상황은 모두 처음에 어둡거나, 또 사람, 동물, 자연물이 없거나 아니면 있었던 자연물이 없어지거나, 혹은 사람, 동물의 수가 적었다는 점에 대해 언급하고 있다. 이런 언급은, 세상이 처음에는 불완전하게 존재했다는 것을 의미한다. 즉, 축치족 창조신화는 처음 '혼돈'의 상황으로 시작된다.

그러나 창조신화의 결말에서 이런 '혼돈' 상황은 '질서' 상황으로 대체된다. 땅에 빛이 비치고 사람과 자연물, 동물이 생겼다. 또 사라졌던 자연물은 다시 제 위치로 돌아오고 사람은 증가되었다. 이로써 세상은 지금의 모습을 갖게 되었다.

이상에서 말한 창조신화의 시작 상황이 '혼돈'이라면 결말 상황은 '질서'이다. '혼돈'의 상황은 '암'(暗)이고 '무'(無)이며 '소'(少)이다. 그리고 '질서'의 상황은 '명'(明)이고 '유'(有)이며 '다'(多)이다. 창조신화에서 '혼돈'의 상황은 '질서'의 상황으로 역전된다. '암'에서 '명'으로의 역전은 주로 빛의 창조 과정에서 일어나고, '무'에서 '유'로의 역전은 주로 사람, 동물, 자연물의 창조 과정에서 일어나며, 그리고 '소'에서 '다'로의 역전은 주로 사람의 창조 과정에서 일어난다. 이런 역전은 어떤 중재항에 의해 가능하다. 축치족 창조신화에서 보이는 중재항은 창조 행위이다.

시작 상황 → 중재 → 결말 상황

'혼돈' '창조' **'질서'**

'암'·'무'·'소'　　　'명'·'유'·'다'

이 같은 축치족 창조신화의 기본적인 서사구조에서 창조 행위는 텍스트에 따라, 또는 동일한 텍스트 안에서 다양한 유형으로 나타난다.[19] 이 가운데 언어적인 창조 행위 유형은 [자료 2]에서 보인다. "사람이 되어라"라는 창조 주체의 말에 따라 사람이 생겨났다. 이것은 말과 대상의 동일성에 기초한 영적인 창조이다. 생물학적인 창조 유형은 [자료 1], [자료 3], [자료 8]에서 보인다. [자료 1]에서는 남녀 양성 결합이 없는 자발적 잉태에 의해 사람이 태어났고, [자료 3]과 [자료 8]에서는 남녀 양성 결합이 있는 인위적 잉태에 의해 사람이 태어났다. 추출 유형은 [자료 2], [자료 3], [자료 4], [자료 5]에서 보인다. 창조 주체는 어떤 것으로부터 대상을 추출한다. [자료 2], [자료 3], [자료 4]에서는 새벽노을에 난 구멍에서 빛이 나왔고, [자료 4]와 [자료 5]에서는 각각 공이 갈라져서 또 덮개에 난 구멍에서 해, 달, 별이 나왔다. 획득 유형은 [자료 7]에서 보인다. 문화영웅적인 성격을 지닌 창조 주체는 문화적이거나 자연적인 대상을 획득한다. [자료 7]에서 나무 막대기를 서로 비비는 것처럼 손가락과 발가락을 서로 비벼 불을 얻었다. 제조 유형은 [자료 1], [자료 2], [자료 3], [자료 5], [자료 6], [자료 7], [자료 8]에서 보인다. 창조 주체는 어떤 재료로 또는 일정한 재료 없이 대상을 만든다. 여기서 제조 대상은 주로 사람이나 동물, 그리고 자연물이다. 변형 유형은 [자료 1], [자료 3], [자료 5], [자료 9]에서 보인다. 어떤 사물이 자발적으로 또는 주술적으로 창조 대상으로 변형된다. 여기서 변형 대상은 주로 사람이나 동물, 그리고 자연물이다. 마지막으로 이전 유형은 [자료 7]에서 보인다. 창조 대상이 한 곳으로부터 다른 곳으로 이전된다. [자료 7]에서 순록과 해가 하늘 위의 세계에서 땅 위의 세계로 옮겨졌다.

---

19) E. M. Meletinsky는 창조 행위를 1)언어적인verbal 창조, 2)생물학적인biological 창조, 3)추출extraction, 4)획득acquisition, 5)제조manufacture, 6)변형transformation, 7)이전transfer 등의 유형으로 분류하였다.
E. M. Meletinsky, *The Poetics of Myth*, New York and London, 1998, pp.178-179.

이상과 같은 다양한 창조 행위 가운데, 대체로 사람의 증가는 생물학적인 창조 유형, 빛의 회복은 추출 유형, 사람과 동물 그리고 자연물의 출현은 제조 유형 및 변형 유형과 관련되어 있다. 이럴 경우 생물학적인 창조 유형과 추출 유형은, 사람은 남녀 양성의 결합에 의해 태어나고 빛은 어둠 속에서 밝게 빛나는 자연현상에 대한 경험적 연역(empirical deduction)[20]의 신화적 사고에 기초한다. 제조 유형과 변형 유형은, 사람과 동물 그리고 자연물이 최초에 조물주에 의해 창조되었거나 다른 무엇으로부터 변형되었다는 초월적 연역(transcendental deduction)[21]의 신화적 사고에 기초한다.

3. 축치족 창조신화에 나타난 세계관

축치족 창조신화에 등장하는 동물들은 의인화된다. 첫째, 동물들은 사람들처럼 그들 자신의 가족을 가지고 있다. [자료 1]에서 남편 까마귀와 아내 까마귀, 그리고 그들 사이에서 태어난 자식들은 한 가족을 이루며 산다.

둘째, 동물들은 사람의 모습으로 변신할 수 있다. [자료 1]에서 아내 까마귀와 자식 까마귀는 사람으로 변신하기도 하고, 또 아내 까마귀는 자식으로 사람을 낳기도 한다.

축치족 창조신화에서 모든 사물은 살아 있는 것으로 간주된다. 모든 자연은 움직일 수 있고 말할 수 있으며 걸을 수 있다. 축치족은 모든 사물에 생명이 부여되

---

20) Claude Lévi-Strauss, "The Deduction of the Crane", Pierre Maranda and Elli Köngäs Maranda ed., *Structural Analysis of Oral Tradition*, Univ. of Pennsylvania Press, 1971, p.3.

21) Ibid., p.4.

어 있다고 믿는다. 그래서 그들은 사물을 '정령 갖고 있는 것' 또는 '목소리를 갖고 있는 것'으로 생각한다.[22)]

[자료 10]

어떤 사람이 누이와 함께 한 집에서 살고 있었다. 주변에 다른 사람도 없었고, 순록도 없었다. 어느날 오빠는 순록의 흔적을 따라갔지만 그것은 사람의 발자국이었다. 그는 다른 발자국을 따라갔다. 그는 천막 기둥 세 개가 있는 곳에 도착하여 그 사이에서 잠을 잤다. 그는 다음날 아침에 잠을 깨 눈, 숲, 땅이 끊임없이 내는 소리를 들었다. 또 천막이 가죽 덮개로 싸여 있는 것을 보았다. 한 벽을 열고 밖을 보니 순록이 가고 있었다. 그는 천막 안에 있던 갓난아기를 데리고 집으로 돌아왔다. 다음 날 한 여자가 갓난아기를 찾으러 왔다. 그러나 그는 돌려주지 않았다. 그의 주변에 사람이 적은데, 장차 갓난 아기가 자라 많은 사람을 낳을 것이라고 생각했기 때문이다. 여자는 다시 그가 타고 다닐 수 있도록 순록과 가죽 끈, 또 매일 새끼를 낳는 암순록과 갓난아기를 바꿀 것을 제안했다. 그러나 그는 순록과 가죽 끈으로 무얼 해야 할지 몰라 그 제안을 거절했다. 여자는 그에게 순록을 어떻게 타는지 가르쳐주었다. 그는 다시 식량을 원했다. 여자는 그에게 새끼를 많이 낳을 암순록을 주었다. 그는 암순록이 어떻게 새끼를 낳는지 몰라 또 그 제안을 거절했다. 여자는 내일 아침에 알게 될 것이라고 말한 다음 떠났다. 정말 다음날 아침에 순록이 불어나 있었다. 여자가 다시 왔다. 그는 여자에게 갓난아기를 돌려주었다. 그때부

---

22) B. G. Bogoras, *The Jesup North Pacific Expedition, Vol. VII, Part II -The Chukchee*, New York, 1904, p.281.

터 순록이 증가되었다.[23)]

[자료 10]에서 "눈, 숲, 땅이 끊임없이 소리를 낸다"는 것은 모든 사물이 살아 있는 것을 의미한다. 이러한 관념은 축치족 샤머니즘에도 반영되어 있다.

> 존재하는 모든 것은 살아 있다. 등불이 주위를 돌아다니고, 집 벽은 자신의 목소리를 갖고 있다. 요강조차도 개별적인 나라와 집, 그리고 아내와 아이들을 갖고 있으며, 정령으로 존재한다. 가방 속에서 잠자고 있던 가죽도 밤에 말을 한다. 무덤 안에 있던 순록 뿔은, 죽은 사람이 밤에 일어나 살아 있는 사람을 방문하는 동안에 일어나 무덤 주위를 걸어 다닌다.[24)]

이것은 축치족 샤먼의 진술이다. 그에 의하면, 생명이 부여된 모든 사물은 살아 있다. 그리고 그것은 샤머니즘적인 정령의 형태로 존재한다. 따라서 모든 사물이 살아 있다는 관념은 축치족 샤머니즘과 밀접히 관련되어 있다.

축치족은 자연의 유익한 초자연적인 존재를 '바이르기트'(va'irgit)라고 부른다.[25)] 이 단어는 '존재', '삶의 방식', '행동하는 힘', '본질' 등을 의미한다. [자료 1]에서 까마귀는 땅을 만들기 위해 <새벽>, <천정> 등에게 도움을 청한다. 이럴 경우 그것들은 유익한 '바이르기트'이다. 특히 축치족은, <새벽>, <천정>이 사악한 존재로부터 사람을 보호하고 죽은 사람을 살아나게 할 수 있으며 사냥동물을 사람

---

23) В. Г. Богораз, op. cit., pp.174-175.

24) Ibid., p.386.

25) B. G. Bogoras, op. cit., p.303.

에게 보내준다고 믿기 때문에 그것들을 숭배한다.[26)]

축치족은 방위를 22개로 구분한다.[27)] 모든 방위에는 '방위의 정령'이 거주하고 있다. 동쪽은 '새벽', '해'의 방위이고, 서쪽은 '저녁', '황혼'의 방위이고, 남쪽은 '한낮', '밝음'의 방위이고, 북쪽은 '자정', '어둠'의 방위이다. 이 가운데 동쪽과 서쪽 그리고 남쪽은 사람에게 호의적인 방위이고, 북쪽은 사악한 존재가 거주하는 사람에게 해로운 방위이다. [자료 2]에서 <창조자>가 빛을 만들려고 할 때 언급되는 방위는 동쪽과 남쪽이다. 이 두 방위는 축치족의 관념에서 모두 빛과 관련되어 있다. 그리고 [자료 3]에서 서쪽은 별도 없고 노을도 없는 어두운 방위로 묘사된다. 서쪽은 축치족의 관념에서 어둠과 관련된 방위이다.

[자료 2], [자료 3], [자료 5], [자료 7]에서 '하늘 위의 세계'와 '땅 위의 세계'가 언급되고 있다. 축치족의 우주구성론적인 믿음에 따르면, 3개의 세계가 대칭적으로 배치되어 있다.[28)] '땅 위의 세계'는 사람들이 사는 세계이다. 그리고 '하늘 위의 세계'는 <창조자>의 거주지이면서 지상에서 전사했거나 자연사한 사람들이 사는 세계이다. '땅 아래의 세계'는 사악한 존재 '켈레'의 거주이면서 병으로 죽은 사람들이 사는 세계이다.[29)]

[자료 4]와 [자료 5]에서 '켈레'는 세상의 해를 훔쳐 자신의 세계로 가져간다. '켈렡'(кэльэт)으로도 불리는 '켈레'는 축치족에 의해 다양하게 이해된다.[30)] 한 범

---

26) И. С. Вдовин, "Религиозные Культы Чукчей", Памятники Культуры Народов Сибири и Севера, Ленинград, 1977, pp.123-124.

27) B. G. Bogoras, *The Jesup North Pacific Expedition, Vol. VII, Part II -The Chukchee*, New York, 1904, p.304.

28) 어떤 자료에 따르면 세계의 개수가 5개, 7개, 9개 등으로 나타나기도 한다.
B. Г. Богораз, Чукчи, Ч. II -Религия, Ленинград, 1939, p.40.

29) И. С. Вдовин, "Природа и Человек в Религиозных Представлениях Чукчей", Природа и Человек в Религиозных Представлениях Народов Сибири и Севера, Ленинград, 1976, p.230.

30) B. G. Bogoras, op. cit., p.292.

주는 사람의 질병이나 죽음을 야기하거나 세상의 해를 훔쳐가는 사악한 정령이다. [자료 4]와 [자료 5]에는 보이는 '켈레'는 '해의 약탈자' 또는 '달의 약탈자'와 동일시된다. 일식이나 월식 때 냄비나 북을 두드려 그 소리로 '켈레'를 위협하여 내쫓는 것은 이 때문이다.[31] 다른 한 범주는 먼 해안가에 살고 있는 식인종으로서 항상 축치족 전사와 싸운다. 마지막 범주는 각종 의례 때 샤먼을 돕는 보조령이다. 이런 보조령의 소유는 샤먼의 권능과 직결된다.

---

31) А. И. Крушанова, op. cit., p.91.

II. 축치족 '켈레' 신화의 구조와 세계관

1. 축치족 정령과 '켈레'

축치족은 그들을 둘러싸고 있는 모든 것에 눈에 보이지 않는 존재, 즉 정령이 깃들어 있다고 생각한다. 이런 생각이 동물의 정령이나 장소의 정령에 대한 관념을 낳는다.

축치족의 관념에 따르면 야생순록, 여우, 늑대 등 동물을 지배하는 정령도 있고, 또 바다, 숲, 가옥, 아궁이 등 장소를 지배하는 정령도 있다.[1] 이 정령들은, 축치족이 정해진 규칙을 준수할 때 그들에게 사냥의 풍요와 가정의 평안을 보장한다. 만약 축치족이 규칙을 준수하지 않을 때 이 정령들은 그들에게 사냥의 풍요와 가정의 평안을 허락하지 않는다. 축치족의 규칙 준수에 여부에 따라 그들에 대한 정령들의 우호성 또는 비우호성이 결정되는 셈이다.

이 이외에 축치족은 '켈레'(кэле)라고 하는 매우 독특하고 특별한 정령에 대한 관념을 갖고 있다. '켈레'는 대체로 세 범주로 분류할 수 있다.[2] 첫 번째 범주는 사악한 정령이다. 이런 범주에 속하는 '켈레'는 땅 아래나 위에 살면서 사람의 질병과 죽음을 야기하고 사람의 영혼과 육체를 잡아먹는다. 그리고 마을에서 멀리 떨어진 곳에 살면서 여행자를 공격하거나 그에게 몰래 달라붙어 먹잇감이 많이 있는 마을로 이동하기도 한다.

---

[1] И. С. Вдовин, "Религиозные Культы Чукчей", Памятники Культуры Народов Сибири и Севера, Ленинград, 1977, pp.129-135.

[2] B. G. Bogoras, *The Jesup North Pacific Expedition, Vol. VII, Part II -The Chukchee*, New York, 1904, pp.292-302.

두 번째 범주는 식인종이다. 이런 범주에 속하는 '켈레'는 먼 해안에 살고 있고 피에 굶주려 있으며 항상 축치족 전사와 싸우는 식인거인이다. 이런 '켈레'는 한편으로는 상상적인 특징을 갖고 있지만, 다른 한편으로는 지상에 실제로 존재하는 것으로 표현되기도 한다. 그들은 사냥을 위해 개도 기르고 있고 연료나 사냥감을 어깨에 메거나 썰매로 운반한다. 사람들은 이런 '켈레'에 대항하기 위해 무기나 주문(呪文)을 사용하거나 혹은 샤먼의 힘을 빌리기도 한다.

세 번째 범주는 샤먼의 정령이다. 이런 범주에 속하는 '켈레'는 샤먼의 소환에 응하여 각종 의례에서 샤먼에게 소명을 주는 보호령이거나 그를 돕는 보조령이다. 이 정령은, 목소리가 다른 곳에서 들려오기 때문에 "멀리 떨어진 정령"(separate spirit) 또는 "멀리 떨어진 목소리"(separate voice)로 불린다. 샤먼의 정령 '켈레'는 그들과 관계를 맺고 있는 샤먼에 대해 매우 성미가 까다롭다. 샤먼의 의상이나 생활양식, 그리고 의례에 대해 '켈레'가 지시한 사항을 샤먼이 행하지 않으면, 그들은 매우 화가 나서 샤먼을 처벌한다. 샤먼이 계속 복종하지 않으면 그를 죽이기까지 한다.

이와 달리, 샤먼이 정령과의 약속을 성실하게 지키면, 정령은 의례에서 그의 소환에 응하여 고난과 어려움에 처한 그를 돕는다.

이상에서 알 수 있는 것처럼 축치족의 '켈레'에 대한 관념은 복합적이다. '켈레'에 대한 복합적인 관념은 축치족이 자연이나 동물 등 주변 환경에 대해 갖는 이원적인, 그리고 이중적인 관념에서 파생된다. 이 때문에 '켈레'신화도 그의 행위와 역할에 따라 다양한 양상과 구조를 보여준다.

2. 축치족 '켈레' 신화의 양상과 구조

축치족 관념에서 '켈레'의 성격은 세 범주로 나타난다. 그러나 축치족 '켈레'신화에서 '켈레'는 다양한 행위를 수행한다. 이 행위 속에서 '켈레'는 그 역할에 따라 크게 두 범주의 서사적 행위자로 분류할 수 있다. 하나는 주인공을 돕는 보조자고, 다른 하나는 주인공과 대립하는 적대자다. 이러한 '켈레'의 행위와 역할에 따라 축치족 '켈레'신화는 다양한 양상을 보인다.

[자료 1]

옛날에 부모와 아들이 살고 있었다. 어느 날 아들이 괴로워하고 있어서 부모가 잠을 잘 수가 없었다. 썰매를 타고 온 사람들의 말소리를 듣고 아내가 바깥을 내다보았다. 어둠 속에 '레켄'(re'kkeň)과 '켈레'가 서 있었다. 그들이 집으로 들어오자 아픈 아들은 즉시 신음을 멈추었다. 그들은 식량을 구하러 왔다고 말하면서 아픈 아들을 가리켰다. 그들 가운데 한 명이 아픈 아들을 밖으로 데리고 나가 뼈만 남기고 잡아먹었다. 그들은 그의 코트를 벗긴 다음 뼈를 집어넣었다. 그들은 밖으로 나가 썰매를 타고 떠나려고 했다. 그때 그들은 코트 안에 있던 뼈를 집으로 내던졌다. 새로운 생명을 얻은 그는 벌거벗은 채 집으로 왔다. 그 후 그는 강력한 샤면의 능력을 얻었다. 그는 제정신을 잃은 것 같았다. 갑자기 그는 옥석으로 자신의 몸을 쳤는데, 옥석이 부스러졌다. 이웃마을 사람들이 그를 창으로 찔렀지만 그의 몸은 돌처럼 단단했다. 그들은 그를 죽일 수가 없었다.[3]

---

3) W. G. Bogoras, *The Jesup North Paciffic Expedition*, Vol. Ⅷ, Part Ⅰ, Chukchee Mythology, New York, 1910, pp.34-42.

[자료 2]

옛날에 '켈레'가, 아버지는 가축 떼를 돌보러 떠나고 어머니와 아이들만 있는 집을 방문하려고 했다. 어느 날 어떤 사람이 그녀를 방문해 '켈레'가 찾아올 것이라고 말했다. 그가 떠난 후에 그녀는 개를 집 밖으로 데려나가 죽인 다음 피 묻은 줄을 집 주위에 던졌다. '켈레'들이 찾아와 창으로 찔러보았지만 땅에 닿지 않았다. '켈레'들은 하는 수 없이 그들을 떠났다. 다음 날 남편이 돌아와 출입구 옆에 죽어있는 개를 보았다. 그가 놀라서 출입구를 열고 안으로 들어가자 아내가 침실 덮개 아래에서 나왔다. 아내는 그동안 집에서 있었던 일을 남편에게 말했다.[4]

[자료 3]

바다 근처에 노파가 아들 여섯 명과 함께 살고 있었다. 아들들은 음식을 구하러 떠났다가 죽고 가장 어린 동생만 남았다. 언젠가 노파가 분주하게 일하고 있을 때, 소년은 집 밖으로 나가 험한 산 위로 기어 올라갔다. 그는 다른 곳으로 가다가 굴러서 등이 칼로 만든 울타리에 걸렸다. 그때 '켈레'가 그의 목덜미를 잡고 배를 간질이자 그는 재빨리 죽은 척했다. '켈레'는 소년과 함께 사냥한 바다표범을 가지고 집으로 돌아왔다. '켈레'의 아내는, '켈레'가 자른 바다표범 고기를 삶았다. '켈레'의 가족들이 고기를 다 먹은 후에 그녀는 소년을 만져보았다. 그는 아직 살아 있었다. 그들은 소년이 죽을 때까지 기다리기로 했다. 그들은 요강이 경고하는 것을 무시하고 밤에 잠을 잤다. 소년은 아침 일찍 일어나 칼로 '켈레'

---

4) Ibid., pp.51-53.

와 그 아내의 머리를 잘랐고, 아이들은 조각으로 절단했다. 북을 가지고 집으로 돌아갔다. 그 후 소년은 위대한 샤먼이 되었다.[5]

[자료 4]

옛날에 '켈레'가 많은 사람을 죽였기 때문에 사람 살기가 좋지 않았다. 샤먼 '로로발긴'(ророва́льгин)은 고래수염으로 만든 작은 칼을 소매에 숨긴 다음 '켈레'를 물리치기 위해 순록을 타고 갔다. '로로발긴'은 도중에 네 명의 '켈레'를 만났다. 그들은 서로 능력을 시험해 보았다. '켈레'는 칼로 순록을 죽인 다음 작 은 조각으로 잘라 길에 던졌다. '로로발긴'은 소매에서 칼을 꺼내어 개와 '켈레'를 죽인 다음 작은 조각으로 잘라 길에 던졌다. '로로발긴'은 한 명의 '켈레'를 집으로 돌려보내면서 그로 하여 금 다시는 우리 땅에 오지 않도록 그들 부족에게 전하게 했다. '로로발긴'은 가지고 있던 샤먼 북을 친 다음 순록 한 조각을 다른 조각에 붙이자 순록이 다시 살아났다. '로로발긴'이 많은 '켈레'를 죽여 두 명만 남았다. 화해의 표시로 '켈레'는 '로로발긴'에게 개를 주었고, 그는 '켈레'에게 순록을 주었다. '로로발긴'은 개를 집으로 데려와 천막 근처에 묶어 두었다. '켈레'는 순록을 집으로 데려와 죽인 다음 심장과 간장을 꺼내고, 피를 뽑아내 모두 먹었다. 순록의 몸뚱이에 마법을 걸어 주인에게 보냈다. '켈레'에 의해 마법에 걸린 순록은 '로로발긴'의 집으로 달려와서 그의 동료 두 명을 죽였다. 그 때 '로로발긴'은 잠에서 깨어나 북을 잡고 무가(巫歌)를 불러 마법에 걸린 순록의 힘이 빠지도록 했고, 또 동료를 소생시켰다. 그

---

5) Ibid., pp.192-193.

들은 마지막 남은 두 명의 '켈레' 집으로 가서 그들을 죽였다. 얼마 후 다시 바다로부터 많은 '켈레'가 와서 특별한 무기로 사람을 죽였다. 그러나 '로로발긴'은 북을 잡고 무가를 부른 다음 샤먼의 힘으로 '켈레'의 무기를 빼앗아 사람에게 나누어 주었다. '켈레'가 다시 사람들을 공격하자 그들은 이 무기로 '켈레'를 죽였다. 그때부터 '켈레'는 무서워 사람에게 쉽게 오지 못했다.[6]

[자료 5]

옛날에 '켈레'가 해와 별을 숨겼어 세상에 해와 별이 없었다. 그때 자고 새와 작은 새가 새벽노을에 구멍을 뚫어 빛을 구하려고 했지만 실패하고 부리만 부서져 짧아졌다. 그 후 까마귀가 직접 새벽노을을 쪼아 구멍을 만들자 빛이 내뿜어져 나왔다. 까마귀는 '켈레'의 집으로 갔다. 집 안에서 여자아이가 공놀이를 하고 있었다. 이때 까마귀가 공을 빼앗았다. 여자아이가 다른 공으로 놀이를 하자 다시 까마귀가 공을 빼앗았다. 여자아이가 또 다른 공으로 놀이를 하자 다시 까마귀가 공을 빼앗았다. 까마귀는 그 공을 가지고 밖으로 나와 발로 공을 찼다. 첫 번째로 찬 공이 하늘에서 갈라졌는데, 거기서 별이 나와 빛났다. 두 번째로 찬 공이 하늘에서 갈라졌는데, 거기서 달이 나와 빛났다. 세 번째로 찬 공이 하늘에서 갈라졌는데, 거기서 해가 나와 빛났다. 이때부터 해와 달, 그리고 별이 완전히 비치게 되었다.[7]

---

6) В. Г. богораз, Материалы по Изучению Чукотского Языка и Фольклора, Собранные в Колымском Округе, Сант-Петербург, 1900, pp.415-416.

7) Ibid., pp162-163.

[자료 1]에서는 '켈레'가 보조자로서의 서사적 역할을 맡고 있고, [자료 2], [자료 3], [자료 4], [자료 5]에서는 적대자로서의 서사적 역할을 맡고 있다. 그러나 '켈레'의 서사적 역할의 차이에도 불구하고 '켈레'신화는 모두 서사적 통사론 층위에서 다섯 개의 서술명제로 구성된다. ①안정된 상황, ②어떤 힘에 의한 안정된 상황의 혼란, ③불안정한 상황, ④그 힘과 반대방향으로 다른 힘의 작용, ⑤안정의 회복 등이 그것이다.[8] 축치족 '켈레'신화의 서사는 기본적으로 '균형'(equilibrium)에서 시작하여 어떤 힘에 의한 '불균형'(disequilibrium)을 거쳐 다시 또 다른 힘에 의한 '균형의 회복'으로 전개되기 때문이다.

[자료 1]은 한 가정의 평온한 일상으로 서사가 시작된다.(①) 부모와 아들이 무고히 지내고 있기 때문이다. 그러나 어느 날 아들이 아프면서 부모는 잠을 이루지 못한다.(②) 아들의 질병과 부모의 불면은 평온한 가정의 혼란을 초래하는 하나의 힘으로 작용한다. 그러면서 평온한 가정은 불안정해진다.(③) 이 때 '레켄'과 '켈레'가 그들이 살고 있는 집을 방문한다.(④) 이 방문은 가정의 혼란을 극복할 또 다른 하나의 힘으로 작용한다. 그들은 아픈 아들을 찾아 잡아먹은 다음 그의 뼈를 집으로 집어던진다. 그 후 그는 새로운 생명을 얻어 다시 집으로 들어온다. 뼈만 남기고 육신이 해체된 후 재생하는 이야기는 시베리아 샤먼의 입무식에서 흔히 나타나는 재생 모티프이다. 이 같은 육신 해체는 '시베리아 샤먼의 육신 해체'[9]로 범주화될 수 있다. 그 후 재생한 사람은 샤먼으로서의 권능을 지니게 되는데, 아픈 아들도 역시 샤먼의 능력을 갖는다. 이 결과로 아픈 아들은, 질병이 나을 뿐만 아니라 샤먼의 능

---

8) T. Todorov, Introduction to Poetics, Minnesota Univ. Press, 1981, pp.49-50.
Todorov는 서사적 행위자(actant)와 술어(predicate)로 이루어지는 서술명제를 서술의 최소단위로 설정하였다. 이때 하나의 완전한 시퀀스(sequence)는 서술명제의 무한한 연쇄로 구성되지 않고 항상 다섯 개의 서술명제로 구성된다.

9) Erik Holtved, "Eskimo Shamanism", Carl-Martin Edsman ed., *Studies in Shamanism*, Stockholm, 1967, p.28.

력으로 인해 죽임을 당하지 않는다.(⑤) 축치족의 경우 샤먼의 소명은 대체로 신경적인 특성을 지닌 질병으로 표출된다. 오랫동안 질병을 앓은 사람은 샤머니즘 의례를 통해 샤먼의 소명을 받아들이게 된다.[10] [자료 1]에서도 아픈 아들은 육신 해체를 경험하는 입무식을 통해 샤먼의 소명을 받아들임으로써 샤먼이 됨과 동시에 질병이 치료된다. 이럴 경우 '레켄'과 '켈레'는 샤먼의 정령으로 인식된다.

[자료 2]는 한 가정의 평온한 일상으로 서사가 시작된다.(①) 부모와 아이들이 무고히 지내고 있기 때문이다. 이 때 '켈레'가, 그들이 살고 있는 집을 방문한다.(②) '켈레'의 방문은 그들의 평온한 일상을 깨뜨릴 하나의 힘으로 작용한다. '켈레'는 어머니와 아이들을 잡아먹기 위해 그 집을 방문하기 때문이다.(③) 어머니는 죽은 개의 피가 묻은 줄을 집 주위에 던진다.(④) 손님의 충고에 따라 행한 이 같은 주술적인 행위는 가정의 파탄을 극복할 또 다른 하나의 힘으로 작용한다. 그 결과로 어머니와 아이들은 무사할 수 있었고, 가정의 평온한 일상은 그대로 유지된다.(⑤)

[자료 3]은 한 가정의 평온한 일상으로 서사가 시작된다.(①) 어머니와 아들들이 무고히 지내고 있기 때문이다. 그러나 다섯 명의 아들들은 음식을 구하러 떠났다가 죽는다. 이 죽음은 물론 '켈레'에 의해 초래된 것이다.(②) '켈레'의 살해는 그들의 평온한 일상을 깨뜨릴 하나의 힘으로 작용한다. '켈레'에 의해 한 가정이 파괴된 셈이다.(③) 이 때 살아남은 여섯 번째 아들도 집을 떠나지만 '켈레'의 가족들에 의해 죽을 위기에 처한다. 그러나 그는 지략 또는 속임수를 발휘하여 '켈레'의 가족을 살해한다.(④) 이 복수는 파괴된 가정을 다시 평온한 일상으로 바꾸어 놓을 또 다른 하나의 힘으로 작용한다. 이럴 경우 그가 발휘하는 지략 또는 속임수는 신화적인 영웅이나 트릭스터다운 자질 가운데 하나이다. 그 후 그는 북을 가지고 집으로

---

10) B. G. Bogoras, *The Jesup North Pacific Expedition, Vol. VII, Part II -The Chukchee*, New York, 1904, p.421.

돌아와 샤먼이 된다. 이것은 평온한 일상의 회복을 의미한다.(⑤) 더 나아가 자신의 가족뿐만 아니라 남들의 구원자 역할을 수행할 자격을 갖추게 된다.

[자료 4]는 사람들의 평온한 일상으로 서사가 시작된다.(①) 그러나 '켈레'가 나타나 사람들을 죽인다.(②) '켈레'의 등장은 사람들의 평온한 일상을 깨뜨릴 하나의 힘으로 작용한다. 이 결과로 사람들은 '켈레'에 의해 죽음의 상황으로 내몰린다.(③) 이 때 샤먼이 '켈레'를 물리치기 위해 길을 떠난다.(④) 이 여행은 위기에 처한 사람들을 구원할 또 다른 하나의 힘으로 작용한다. 샤먼은 사람들을 구원하기 위해 '켈레'의 세계, 즉 정령의 세계로 여행을 떠난다. 이런 여행은 곧 온갖 시련과 고난을 수반하는 '샤먼의 타계여행'이다. 샤먼은 여행 도중 주술적 능력 경쟁을 통해 사악한 정령을 물리친다. 정령과의 싸움이 수반된 타계로의 영웅적인 여행은 북아시아 서사시에서도 보편적으로 나타나는 모티프이다.[11] 이런 난관을 극복한 후 샤먼은 '켈레'를 죽여 사람들의 일상적인 삶을 안정시킨다.(⑤) 그 후로 다시는 '켈레'가 사람들에게 접근하지 않았기 때문이다.

[자료 5]는 자연의 완전성으로 서사가 시작된다.(①) 태초에 세상에는 해와 달 그리고 별이 비치고 있었기 때문이다. 어느 날 '켈레'가 세상의 해와 달 그리고 별을 훔쳐간다.(②) '켈레'의 탈취는 자연의 완전성을 깨뜨릴 하나의 힘으로 작용한다. 그 결과로 세상에는 어둠만이 존재하게 되어 자연의 불완전성을 노정하게 된다. (③) 이 때 까마귀가 '켈레'의 집으로 해와 달 그리고 별을 찾으러 간다.(④) 이 수색은 어둠 속에 갇힌 세상에 다시 빛이 비치게 할 또 다른 하나의 힘으로 작용한다. 이전에 존재하던 해와 달 그리고 별의 회수를 통해 자연의 완전성을 회복하고 있다는 점에서 까마귀는 '문화영웅'의 면모를 갖고 있다.

---

11) A. T. Hatto, "Shamanism and Epic Poetry in Northern Asia", Foundation Day Lecture, Univ. of London, 1970, p.3.

이상에서 논의한 각 신화의 순차적인 서술명제들을 도표화하면 다음과 같다.

	①	②	③	④	⑤
[자료 1]	가정 평온	아들 질병, 부모 불면	가정 위기	'레켄'과 '켈레' 성무(成巫)	가정 평온
[자료 2]	가정 평온	'켈레' 살해	가정 위기	어머니 주술	가정 평온
[자료 3]	가정 평온	'켈레' 살해	가정 위기	아들 지략	가정 평온
[자료 4]	사회 평온	'켈레' 살해	사회 위기	샤먼 주술	사회 평온
[자료 5]	자연 완전	'켈레' 탈취	자연 불완전	까마귀 회수	자연 완전

위 도표에서 알 수 있는 것처럼 다섯 개의 서술명제로 이루어진 축치족 '켈레'신화는 '켈레'의 서사적 역할에 따라 크게 두 가지 유형으로 나뉜다. 하나는 [자료 1]에서처럼 '켈레'가 보조자 역할을 하는 신화 유형이고, 다른 하나는 [자료 2], [자료 3], [자료 4], [자료 5]에서처럼 '켈레'가 적대자 역할을 하는 신화 유형이다. 대부분의 신화에서 '켈레'가 적대자 역할을 하는데, 이것은 '켈레'에 대한 축치족의 부정적인 관념을 반영한 결과이다.

전자의 유형에서 '켈레'는 성무의 행위를 통해 상황을 개선시키고, 후자의 유형에서 '켈레'는 살해 또는 탈취의 행위를 통해 상황을 악화시킨다. 이럴 경우 상황의 개선과 악화가 [자료 1]과 [자료 2] 그리고 [자료 3]에서는 개인·가정의 층위에서, [자료 4]에서는 집단·사회의 층위에서, 그리고 [자료 5]에서는 자연·우주의 층위에서 이루어진다. 이런 점은, '켈레'가 여러 층위에서 축치족의 세계관에 깊숙이 관여하고 있음을 말해준다.

3. 축치족 '켈레'신화에 나타난 세계관

축치족 '켈레'신화는 '선과 악의 신화'[12](myth of good and evil)라고 할 수 있다. '켈레'를 에워싸고 선/악의 이원적인 관념이 신화에 반영되어 있기 때문이다. [자료 1]에서 옛날에는 가족이 무고히 살고 있었다. 이때의 <과거>는 <선>의 징표, 즉 <좋은·긍정적> 징표를 지닌 세계였다. 그러나 가족의 구성원인 아들이 병에 걸렸지만 '레켄'과 '켈레'가 그를 치료하기 위해 방문함으로써 <현재>는 <악>의 징표, 즉 <나쁜·부정적> 징표와 함께 <좋은·긍정적> 징표를 동시에 지닌 <복합적> 세계로 바뀐다. 그 후 샤먼이 된 아들은 장차 다른 사람의 병도 치료할 것이기 때문에 <미래>는 다시 <좋은·긍정적> 징표를 지닌 세계로 돌아온다. 이것을 도식화하면 다음과 같다.

<과거>:<선>:<좋은·긍정적>::<현재>:<복합적(악+선)>::<미래>:<선>:<좋은·긍정적>

[자료 1]에서 '켈레'가 <선>의 징표를 구축하고 있다면, [자료 2], [자료 3], [자료 4], [자료 5]에서는 '켈레'가 <악>의 징표를 구축하고 있다. [자료 2], [자료 3], [자료 4], [자료 5]에서 옛날에는 가정과 사회, 그리고 자연이 완전한 모습을 갖추고 있었다. 이때의 <과거>는 <선>의 징표, 즉 <좋은·긍정적> 징표를 지닌 세계인 셈이다. 그러나 '켈레'에 의해 그 세계는 위기에 직면하지만, 다양한 등장인물이 그 위기를 극복함으로써 <현재>는 <악>의 징표, 즉 <나쁜·부정적> 징표와 함께 <좋은·긍정적> 징표를 동시에 지닌 <복합적> 세계로 바뀐다. 그 후 가정과 사회, 그리

---

12) A. J. Greimas, *On Meaning*, Univ. of Minnesota Press, 1987, p.7.

고 자연은 본래의 평온하고 안전하며 완전한 모습을 보일 것이기 때문에 <미래>는 다시 <좋은·긍정적> 징표를 지닌 세계로 돌아온다. 이것을 도식화하면 다음과 같다.

<과거>:<선>:<좋은·긍정적>::<현재>:<복합적(악+선)>::<미래>:<선>:<좋은·긍정적>

신화에서 '켈레'를 통해 보여주는 선/악의 이원적인 관념은 자연과 사회, 그리고 세계에 대한 축치족의 이원적인 세계관[13]과 무관하지 않다.

축치족 '켈레'신화에서 '켈레'는 이중적인 행동을 한다. 어떤 신화에서는 '켈레'가 사람과 우호적인 관계를 맺고, 또 다른 신화에서는 비우호적인 관계를 맺기 때문이다. 이 같은 우호/비우호의 대립에는 인간성 가운데 본원적으로 내재해 있는 '심리적 대립구조'[14]가 반영되어 있다. 이것은 축치족이 '켈레'라는 정령에 대해 이중적인 관념을 갖고 있음을 말해준다. 축치족의 세계에 대한 이중적인 관념은 세계 창조와 관련된 신화에서도 드러난다.

[자료 6]

옛날에 한 남자가 키우던 순록 무리 절반이 숲으로 가버렸다. 그는 순록 무리를 찾으러 갔다가 한 여자를 만나 그녀를 아내로 삼았다. 그들이 낳은 남매는 혼인하여 자식을 낳았고, 그 자식들은 또 서로 혼인하여 후손을 늘려갔다. 별도 없고 노을도 없어서 항상 어두웠다. 그 때 까마귀

---

13) И. С. Вдовин, "Природа и Человек в Религиозных Представлениях Чукчей", И. С. Вдовин ed., Природа и Человек в Религиозных Представлениях Народов Сибири и Севера, Ленинград, 1976, p.227.

14) Jolande Jacobi, *The Psychology of C. G. Jung*, London, 1975, p.53.

'쿠르킬'(куркыl)이 빛을 구하도록 작은 새를 보냈다. 작은 새는 도중에 만난 자고새와 함께 <새벽>을 쪼아 만든 구멍에서 노을이 떠올랐다. 그 때 '쿠르킬'은 해를 찾으러 '위의 세계'로 날아 올라갔다. 거기서 공놀이를 하고 있던 한 여자아이의 공을 빼앗아 위로 던졌는데 그것이 해가 되었다. 다른 여자아이의 공을 빼앗아 위로 던졌는데 그것은 달이 되었다. 그 후 다시 한 여자아이의 공을 빼앗아 위로 던졌는데 그것은 별이 되었다. 그리고 한 여자아이를 발로 찼는데 그 아이는 달에 달라붙었다. 그 때 '쿠르킬'은, 사람들이 물을 마실 수 있도록 먼저 강을 만들고 그 다음에 물을 만들었다. 그 후에 바위와 새를 만들었다. '쿠르킬'은 다시 어두운 곳으로 가서 사람들에게 땅을 만들어 주었다.

어느 날 '쿠르킬'이 해와 달을 자신의 집으로 가지고 가버렸다. 그러자 세상이 다시 어두워졌고, 순록무리는 사방으로 흩어졌다. 늑대는 '쿠르킬'에게 자신의 누이동생 두 명을 아내로 주었다. 그러자 '쿠르킬'은 해와 달, 그리고 별을 원래 있던 곳으로 옮겼다. 늑대는 집으로 돌아와 누이동생들에게 까마귀가 오면 그의 혀를 묶으라고 말했다. 까마귀가 도착하자 누이동생들은 까마귀의 혀를 실로 묶었다. 그래서 까마귀는 더 이상 말을 할 수 없게 되었다.[15]

축치족 창조신화에서 까마귀 '쿠르킬'은 창조자이거나 그의 대리자로 등장한다.[16] 그러나 자료 6]에서 까마귀는 창조자의 역할과 창조에 대한 방해자의 역할

15) В. Г. богораз, op. cit., pp.160-162.

16) Е. М. Мелетинский, "Мифы о Вороне у Чукчей", Е. М. Мелетинский, Палеоазиатский Мифологическ ий Эпос, Москва, 1979, p.21.

을 동시에 수행한다. [자료 6]의 전반부에서 까마귀는 직접 또는 대리자를 통해 세계 창조에 참여하지만, 후반부에서 까마귀는 완전하게 창조된 세계를 다시 불완전하게 만들고 있기 때문이다. 이것은 '켈레'처럼 까마귀 '쿠르킬'에 대한 축치족의 이중적인 관념을 보여준다.

축치족의 신앙에서도 이중적인 관념을 확인할 수 있다. 샤먼이 정령과 우호적인 관계를 유지하면, 정령은 호출에 응하여 그가 어려움을 극복할 수 있도록 돕는다. 그러나 정령은 샤먼에게 매우 신경질적이다. 정령은, 샤먼이 그의 지시를 따르지 않으면 그를 처벌한다. 샤먼이 계속 따르지 않으면 정령은 그를 죽이기까지 한다.[17] 또 동물과 장소의 정령들이 축치족의 규칙 준수 여부에 따라 그들에게 사냥의 풍요와 가정의 평안 등을 보장하는 것에도 정령에 대한 이중적인 관념이 반영되어 있다. 축치족의 신앙에서 보이는 정령의 이중성은 그들의 관념의 이중성을 야기한다. 이러한 관념의 이중성은 축치족의 신화나 세계관에도 반영되어 있다.

---

17) B. G. Bogoras, *The Jesup North Pacific Expedition, Vol. VII, Part II -The Chukchee*, New York, 1904, p.302.

제 5 장

이텔멘족 신화론

I. 이텔멘족 신화의 세속화 양상과 배경

1. 이텔멘족 신화의 신성성과 등장인물 '쿠트흐'

이텔멘족(ительмены) 신화에서 가장 빈번하게 등장하는 인물은 '쿠트흐'(Ку
тх)[의미:<까마귀>]이다. 동시에 그는 신화에서 중요한 역할도 수행한다. 그는 신
화에서 창조자와 문화영웅, 그리고 민족의 조상 등 다양한 역할을 수행하기 때문
이다.

이텔멘족 신화에서 '쿠트흐'는 자신의 아들 '스임스칼린'(Сымскалин)으로 땅

을 만들었다. 그래서 땅의 이름은 '스임트'(Сымт)이다.[1] 다른 신화에서는 '쿠트흐'가 자신의 누이 '후틀르이지츠'(Хутлыжичь)와 함께 하늘에서 흙을 가져와 바다 위에 뿌려 단단하게 했다. 바다는, '우틀레이그인'(Утлейгын)이 만들었는데 그는 지금도 바다에서 살고 있다. '쿠트흐'는 처음에 하늘에서 살았다. 땅을 만든 후 '쿠트흐'는 캄차트카에 정착했고, 거기서 아들 '트이질-쿠트흐'(Тыжил-кутх)와 딸 '시두카'(Сидука)를 낳았다. 남매는 성인이 된 다음 혼인을 하여 자식을 낳았는데, 그들로부터 이텔멘족이 시작되었다. '쿠트흐'와 그의 가족은 나뭇잎으로 꿰맨 옷을 입었고, 자작나무와 버드나무 껍질을 먹었다. 이때는 짐승이 없었고, 또 아직 물고기를 잡을 줄 몰랐기 때문이다. 그 후 '쿠트흐'는 배를 만들었고, 그의 아들 '트이질-쿠트흐'(Тыжил-кутх)에게 엉겅퀴로 만든 그물로 물고기를 잡는 방법을 가르쳐 주었다. '쿠트흐'는 짐승을 만들었고, 처음으로 따뜻한 모피 옷도 만들었다. 이후에 '쿠트흐'는 아들과 딸을 남겨둔 채 스키를 타고 캄차카를 떠났다. 그가 스키를 타고 지나간 곳에 산과 계곡이 만들어졌다.[2] 또 다른 신화에서 '쿠트흐'['쿠트카'(Кутка)로도 불림]는 '하히'(Хахи)라는 이름의 여자와 혼인했다. 그녀는 뛰어난 미모와 지성을 지녔다. 그녀는 자신의 지성으로 우둔한 '쿠트흐'를 지켰다. '쿠트흐'는 그의 아내와 함께 캄차트카강 근처에서 수년간 살았다. 그녀는 아이를 낳았는데, 그 아이로부터 이텔멘족이 시작되었다. '쿠트흐'는 매일 다양한 일로 캄차트카에서 사는 이텔멘족을 먹여 살렸다. 이텔멘족은 '쿠트흐'에게서 천막을 짓는 기술과 물고기나 짐승 그리고 새를 잡는 방법을 배웠다.[3]

이텔멘족 신화에서 하나의 개별적 인물(acteur)인 '쿠트흐'는 여러 행위체

1) С. П. Крашенинников, op. cit., p.71.

2) Ibid., p.71.

3) Г. В. Стеллер, Описание Земли Камчатки: вторая Камчатская экспедиция Витуса Беринга, Петропавловск-Камчатский, 1999, p.150.

(actant)로 나타난다. 첫째로, '쿠트흐'는 신화에서 <창조자>의 행위체로 나타난다. 한 신화에서는 자신의 아들로 땅을 만들었고, 다른 신화에서는 하늘에서 흙을 가져와 땅을 만들었다. 이 신화들에 따르면, 땅의 기원은 사람 또는 하늘에 있는 셈이다.[4] 이럴 경우 '쿠트흐'는 처음으로 땅을 의도적으로 만든 <창조자>이다.[5] 또한 '쿠트흐'는 처음으로 짐승과 산, 그리고 계곡도 만들었다.

둘째로, '쿠트흐'는 신화에서 한 민족의 <최초의 조상>의 행위체로 나타난다. 한 신화에서는 '쿠트흐'가 낳은 남매로부터 이텔멘족이 시작되었고, 다른 신화에서는 '쿠트흐'와 '하히' 사이에서 태어난 아이로부터 이텔멘족이 시작되었다. 어느 것이나 '쿠트흐'가 이텔멘족의 <최초의 조상>으로 언급되고 있는 셈이다.

셋째로, '쿠트흐'는 신화에서 <문화영웅>의 행위체로 나타난다. '쿠트흐'는 배를 만들고 그물로 물고기를 잡는 방법을 가르쳐 주어 사람들이 물고기를 잡아먹을 수 있게 하였다. 또한 그는 짐승을 만들어 모피 옷을 입을 수 있게 하였고, 짐승이나 새를 잡는 방법과 함께 천막을 짓는 기술도 가르쳤다. '쿠트흐'의 이런 행위에서 그의 <문화영웅>으로서의 면모를 확인할 수 있다.

신화의 신성성은 위대하고 숭고한 한 인물의 구체적인 행위 속에서 드러난다. 따라서 위에서 인용한 신화가 갖는 신성성을 논의하기 위해서는 우선 '쿠트흐'라는 등장인물과 그의 행위를 살펴보아야 한다.

앞에 살펴본 것처럼 '쿠트흐'는 <창조자>이면서 한 민족의 <최초의 조상>, 동

---

4) 대부분의 아시아 창조신화에서 땅의 기원은 일반적으로 '원시대양'primordial ocean의 관념에 바탕을 두고 있다. 즉, <창조자>가 물 밑의 흙을 가져와 땅을 만든다.(Uno-Holmberg, *The Mythology of All Races*, Vol. Ⅳ, New York, 1964, p.313.) 그러나 이텔멘족의 창조신화는, <창조자>가 하늘에서 흙을 가져와 땅을 만든다는 점에서 아시아의 다른 창조신화와 구분된다.

5) 원시적인 창조에서 <창조자>는 어떤 대상을 비의도적으로 창조할 수도 있고, 또는 의도적으로 창조할 수도 있다. 후자는 전자보다 더 진보된 신화에서 나타나는 창조 유형이다.(E. M. Meletinsky, *The Poetics of Myth*, New York and London, 1998, p.177.) 이럴 경우 '쿠트흐'의 창조 행위는 후자에 속한다고 할 수 있다.

시에 <문화영웅>이다. 그는 일상과 범상을 뛰어넘는 비일상과 비범상의 인물이다. 이에 맞물려 그의 행위도 특이성과 비일상성을 보인다. '쿠트흐'는 처음으로 땅과 짐승, 그리고 산과 계곡을 만들었다. 그의 행위는 현실적으로, 합리적으로, 경험적으로는 설명할 수 없는 '이상적인', '신비의', '초월의' 영역에 속한다. 이런 영역에서의 행위는 신성성과 결부되어 있다.[6] 특히, 땅을 만들 때 그 재료인 흙을 하늘에서 가져오는 것은 천상계와의 교류에 의해 지상계를 신성의 존재양식으로 바꾸어 놓는 행위다.[7]

그런데 이 같은 창조 행위가 땅, 산, 계곡, 짐승이 존재하지 않던 '태초의 시간'과 '태초의 공간'에서 일어난다. 이런 시간과 공간은 신성의 시간과 공간이다.[8] 더 나아가 성스러운 시간과 공간에서 신비와 초월의 영역에 속하는 행위를 하는 주체인 '쿠트흐'는 신성의 인물이다. 따라서 '쿠트흐'가 <창조자> 또는 <문화영웅>의 행위체로 나타나는 신화는 인물과 행위, 그리고 배경의 층위에 걸쳐 신성성을 확보하고 있는 이야기라고 할 수 있을 것이다.

2. 이텔멘족 신화의 세속화 양상

신성성을 지닌 것으로 간주되는 신화가 세속화된다는 것은, 우선 '신성'에서 '세

---

6) E. Durkheim, *The Elementary Forms of Religious Life*, Translated and with an Introduction by Karen E. Fields, The Free Press, 1995, p.36.

7) M. Eliade, *The Sacred and the Profane: The Nature of Religion*, New York, 1959, pp.26-27.

8) Ibid., pp.20-113.

속'이 차별화 과정을 거쳐 이루어진다는 관념을 전제로 하고 있다.[9] 이 전제를 따를 경우 '쿠트흐'가 등장하는 이텔멘족 민담은 원래 신화가 갖고 있던 신성성을 잃고 세속화되었음을 보여준다. 이러한 점을 보여주는 이텔멘족의 대표적인 민담을 보이면 다음과 같다.

[자료 1]

'쿠트흐'는 아내 '미티'(Миты)와 함께 살고 있었다. 그는 물고기를 잡으러 강으로 갔다. 그가 그물에서 물고기를 꺼낼 때 여우가 그곳에 왔다. 그는 여우의 꼬임에 빠져 여우에게 물고기 대가리를 떼어주고 몸통만 가지고 집으로 갔다. 그는 아내에게 곰이 물고기 대가리를 먹어버렸다고 거짓말했다. 어느 날 그는 밤에 물고기를 잡으러 가서 여우와 동침했다. 그는 여우를 아내처럼 사랑했다. 그는 아침에 일어나 잡은 물고기 대가리를 여우에게 주고 몸통만 가지고 집으로 갔다. 그는 또 곰이 물고기 대가리를 먹어버렸다고 거짓말했다. 그는 집에 잠시 있다가 다시 물고기를 잡으러 갔다. 아내는 그를 의심하여 물고기 잡는 곳으로 가보았다. 그 곳에서 아내는 여우와 함께 누워서 이야기를 하고 있는 그를 보았다. 아내는 집으로 돌아와 방울이 달린 날카로운 막대기를 가지고 다시 그가 있는 곳으로 갔다. 아내는 여우 엉덩이를 막대기로 찔렀다. 여우는 아파서 비명을 질렀다. 아내는 곧장 도망을 쳐 집으로 돌아왔다. 아내는 집으로 돌아온 그에게 거짓말쟁이라고 말했다. 그는 아내에게 용서를 구했고, 그들은

---

9) 성(聖)과 속(俗)의 기원 문제에 대한 대답은 세 가지로 정리될 수 있다. (1)성과 속은 동시에 생겼다, (2)성은 속에서 승화되었다, (3)원래는 모두 성이었다는 대답이 그것이다. (이은봉, '성과 속은 무엇인가', M. 엘리아데, 이은봉 옮김, 『성과 속』 한길사, 2010, pp.34-36.)

옛날처럼 행복하게 살았다.[10]

[자료 2]

'쿠트흐'는 아내 '미티'와 함께 살고 있었다. 그는 강에서 잉어를 잡았다. 어느 날 여우는 잉어를 가로채기 위해 그를 속이려고 했다. 여우는 길에 누워서 죽은 척 했다. 그는 죽은 여우를 발견하고는 매우 기뻤다. 그는 잉어를 썰매에 싣고 여우를 그 뒤에 묶은 다음 집으로 갔다. 여우는 썰매에서 잉어를 떼어낸 다음 도망쳤지만 그는 눈치 채지 못했다. 그는 아내에게 잉어와 함께 여우를 가져오도록 시켰다. 아내는 밖으로 나가 보았지만 잉어는 적고 여우는 없었다. 그때 아내는, 그가 여우에게 속은 것을 알아 차렸다. 그는 다시 강으로 가서 잉어를 잡았다. 그는 또 죽은 척 하는 여우를 발견했다. 그는 썰매에 잉어를 싣고 그 뒤에 여우를 단단히 묶은 다음 집으로 갔다. 여우는 지난번처럼 잉어를 떼어낸 다음 썰매에서 뛰어내리려고 했지만 그럴 수 없었다. 그는 집에 도착하여 언 여우를 난로 위에 놓고 녹이려고 했다. 그가 칼을 갈아서 여우를 손질하려고 할 때 여우가 마당으로 도망치면서 웃었다. 여우는 가버렸고, 그들은 남은 잉어를 먹었다.[11]

[자료 3]

어느 날 쥐 형제들이 바닷가에서 바다표범을 잡아 구멍 속으로 밀어 넣은 다음 그 옆에 앉아 있었다. '쿠트흐'가 그곳으로 와서 바다표범이 있는

---

10) К. Халоймова, М. Дюрр, Э. Кастен ed., op. cit., pp.67-68.
11) Ibid., pp.119-120.

것을 알아보았다. 막내 쥐가 '쿠트흐'의 바람대로 그를 썰매에 태우자 그는 바다표범 목덜미를 잡고 즉시 집으로 가버렸다. 쥐들은, 그가 바다표범을 훔쳐 갔다고 말했다. 그는 아내 '미티'에게 바다표범 고기를 주어 요리하도록 했다. 쥐들은 집으로 돌아가 어머니에게 그가 바다표범을 빼앗아 갔다고 말했다. 쥐들은 바다표범을 되찾기 위해 그의 집으로 갔다. 그들은 쥐들이 온 것을 전혀 알지 못했다. 쥐들은 몰래 남은 바다표범 고기를 되찾아 돌아갔다. 그 후에 그들은 이 사실을 알고 한숨을 쉬었다.[12]

[자료 1]에서 '쿠트흐'는 먼저 여우의 꼬임에 빠져 여우에게 물고기 대가리를 주었다. 그리고 그는 여우와 동침하기 위해 아내를 속였다. '쿠트흐'는 <속는 인물>인 동시에 <속이는 인물>의 행위체로 역할을 하는 셈이다. 그리고 [자료 2]에서 '쿠트흐'는 먹는 것에 대한 욕구 때문에 여우에게 속았다. 그는 여우에게 속아 자신이 잡은 잉어까지 빼앗기고 있기 때문이다. '쿠트흐'는 <속는 인물>의 행위체로 역할을 하는 셈이다. 동시에 <빼앗기는 인물>의 행위체로도 역할을 한다. 또 [자료 3]에서 '쿠트흐'가 쥐들에게 자신을 썰매에 태워줄 것을 부탁한 것은 일종의 속임수였다. 그는 그런 속임수를 통해 쥐에게서 바다표범을 훔쳐 도망쳤다. 이때 '쿠트흐'가 쥐에게서 바다표범을 빼앗은 것은 오로지 먹는 것에 대한 욕구에서 비롯되었다. 그러나 쥐들은 그에게 빼앗겼던 바다표범을 되찾아갔다. 따라서 '쿠트흐'는 <속이는 인물>과 <빼앗는 인물>인 동시에 <빼앗기는 인물>의 행위체로 역할을 하는 셈이다.

[자료 1]과 [자료 2], 그리고 [자료 3]에서 '쿠트흐'는 <속이고 속는 인물>, <빼앗

---

12) Ibid., pp.141-142.

고 빼앗기는 인물>로 등장한다. 이러한 사실은 신화에서 그의 역할, 즉 <창조자>와 민족의 <최초의 조상>, 그리고 <문화영웅>과는 사뭇 대비된다. 그는 다만 신성의 징표가 약화된 일상과 범상의 인물, 즉 세속의 인물일 뿐이다.

이런 점은 속이고 속는, 또 빼앗고 빼앗기는 그의 행위의 목적에서도 드러난다. [자료 1]과 [자료 2], 그리고 [자료 3]에서 이러한 그의 행위는 근본적으로 성욕 및 식욕과 관련된다.[13] 그는 현실적이고 일상적인 욕구를 해소하기 위해 이런 행위를 반복한다. 그의 행위는 '현실', '합리', '경험'의 영역에 속한다. 이런 영역에서의 행위는 세속성과 결부되어 있다.[14] 이와 맞물려 그의 행위가 이루어지는 시간과 공간도 현실적이고 경험적이며 일상적인 것이다. 이런 시간과 공간은 세속의 시간과 공간이다.[15]

이상과 같은 사실을 염두에 둘 때 '쿠트흐'가 <속이고 속는 인물> 또는 <빼앗고 빼앗기는 인물>의 행위체로 나타나는 민담은 인물과 행위, 그리고 배경의 층위에 걸쳐 신화에서 보이는 신성성과 달리 세속성을 보여주는 이야기라고 할 수 있을 것이다.

[자료 1]과 [자료 2], 그리고 [자료 3]에서 보이는 공통적인 모티프는 <속임수>이다. 이 자료들에서 '쿠트흐'는 <속이는 인물>이거나 <속는 인물>로 등장한다. 이럴 경우 <속임수> 모티프는 현실적이거나 일상적인 욕구, 즉 성욕이나 식욕과 관련된다. 이런 속임수는 단순하거나 보통의 기만, 거짓, 교활함에 근거를 둔 개인적이고 세속적인 것이다.

---

13) 성욕과 식욕은 트릭스터trickster의 속성들이다.(P. Radin, *The Trickster: A Study in American Indian Mythology*, New York, 1972, pp.132-146.) 이 같은 속성을 지닌 '쿠트흐'는 현실적이고 일상적인 욕구에 충실한 세속적인 트릭스터이다.

14) E. Durkheim, op. cit., p.36.

15) Ibid., pp.20-113.

이텔멘족과 지리적으로 가장 인접한 곳에 거주하면서, 같은 고아시아족에 속하는 코략족 신화의 <속임수> 모티프는 이텔멘족 민담의 그것과 사뭇 다르다.

[자료 4]

'에멤쿠트'(Eme'mqut)는 '풀-여자'와 혼인했다. 어느 날 그는 그녀와 함께 들판으로 가려고 했다. 그러나 그녀는, '칼라'(Kala)가 자신을 아내로 삼으려고 한다면서 반대했다. 결국 그들은 들판으로 떠나 먼 곳에 천막을 쳤다. 그는 사냥을 떠났고, 그녀는 집에 남아 식사를 준비했다. 그녀가 아이들과 함께 집에 있을 때 '칼라'가 불속에서 나타나 그녀를 데리고 다시 불속으로 사라졌다. 그는 집에 돌아와 그녀를 찾았지만 도저히 찾을 수가 없었다. 어느 날 그는 사냥을 마치고 집으로 돌아오다가 '땅-거미'를 만나 자신의 아내가 어디에 있는지, 그리고 그곳으로 어떻게 갈 수 있는지를 알게 되었다. 그녀는 지하세계로 끌려갔고, 벽난로에 화살을 던지면 그곳으로 가는 길이 열리게 된다는 것을 알았다. 그는 지하세계로 가서 '칼라'가 자고 있는 동안에 그녀를 몰래 데리고 지상세계로 돌아왔다. 그는 그녀와 아이들을 데리고 아버지 집으로 도망갔다. 그때 그는 집을 지키던 개에게 '칼라'가 자신들을 찾으면 강물을 다 마신 다음 강을 건넌 후 다시 강물을 내뱉었다고 거짓말을 하도록 시켰다. 그는 강에 도착해서 까마귀로 변신한 다음 그녀와 아이들을 강 건너편으로 옮겼다. '칼라'가 그녀를 찾으러 그의 집에 왔을때, 개는 그가 시킨 대로 '칼라'에게 말했다. '칼라'는 강에 도착해 배가 터지도록 강물을 마셨지만 결국 다 마실 수가 없었다. 그는 아버지 집에 와서 그녀와 아이들을 돌보았다. 그리고 그녀

는 점차 의식과 건강을 회복했다.[16]

  '에멤쿠트'의 아내 '풀-여자'는 사악한 정령인 '칼라'에 의해 지하세계로 납치되
었다. 그러나 '에멤쿠트'['쿠트흐'의 아들]는 그녀를 데려간 것이 누구인지, 어디에
있는지, 또 그곳으로 어떻게 가는지 전혀 몰랐다. 근본적인 3정보의 결여[17]라고 해
도 좋을만한 상황이다. 그는 '땅-거미'에게서 결여된 정보를 얻은 후에 아내를 성
공적으로 '칼라'에게서 구출했다. 이때 그는 더 이상 '칼라'가 자신들을 추적하지
못하도록 '칼라'를 속였다. 이 속임수의 목적은 샤머니즘적이다. 이 <속임수> 모티
프는 사악한 정령과의 싸움과 관련될 뿐만 아니라 질병의 치료와도 관련되기 때문
이다.[18] '에멤쿠트'의 아내가 다시 건강을 회복했다는 신화 말미의 언급을 염두에
둘 때 '칼라'가 그녀를 납치하는 것은 질병의 야기를 의미하고, '에멤쿠트'가 '칼라'
에게서 그녀를 구출하는 것은 질병의 치료를 의미한다. 이처럼 코랴족 신화의 속
임수는 샤머니즘의 영역에서 이루어진다. 종교의 영역은 기본적으로 '신비', '초월'
의 영역으로서 신성한 영역이다. 코랴족 신화의 <속임수> 모티프는 신성의 영역
과 맞닿아 있다. 따라서 이텔멘족 민담의 <속임수> 모티프는 코랴족 신화의 그것
보다 세속적인 것이라고 할 수 있다.
  이텔멘족의 이야기에도 '에멤쿠트'가 등장한다.

---

16) W. Jochelson, *The Koryak: Religion and Myths, The Jesup North Pacific Expedition*, Vol. VI, Leiden and
    New York, 1908, pp.140-141.

17) 김열규, 『한국문학사』, 탐구당, 1983, p.467.

18) Е. М. Мелетинский, "Мифы Эпос о Вороне у Коряков и Ительменов", Е. М. Мелетинский, Палеоазиа
    тский Мифологический Эпос, Москва, 1979, p.43.

[자료 5]

옛날에 '쿠트흐'가 아내 '미티'와 함께 살고 있었다. 그들은 아들 '에멤쿠트'와 딸 '시나네프트'를 낳았다. '에멤쿠트'는 많은 동물을 사냥하였다. '치츠킴치찬'(Chichkimchichan)이 '시나네프트'에게 청혼을 하였는데 '쿠트흐'는 그가 기혼자라는 사실을 모르고 허락하였다. '에멤쿠트'와 '치츠킴치찬'은 사냥을 하러 갔다. '에멤쿠트'는 많은 동물을 사냥하였지만, '치츠킴치찬'은 사냥을 하지 않고 자신의 집으로 돌아가 쉬었다. '에멤쿠트'가 사냥에서 돌아왔을 때 '치츠킴치찬'은 동물을 사냥할 수 없었다고 거짓말을 했다. 다시 '에멤쿠트'는 사냥을 갔고, '치츠킴치찬'은 자신의 집으로 돌아가 '에멤쿠트'가 잡은 고기를 '시나네프트'(Sinanevt)에게 주었다. '시나네프트'가 바닷가에 식용식물을 구하러 갔다가 우연히 '포르캄탈칸'(Porkamtalkhan)을 만났다. '시나네프트'는 그의 아름다운 노래를 듣다가 임신을 하게 되었다. '포르캄탈칸'은 '쿠트흐'의 집으로 와서 '시나네프트'와 혼인을 했다. '에멤쿠트'는 '포르캄탈칸'과 사냥을 가서 많은 동물을 잡아 행복하게 살았다. '치츠킴치찬'은 다시 집으로 와서 동물을 사냥할 수 없었다고 '시나네프트'에게 거짓말을 하면서 그녀를 귀찮게 했다. 그 때 '포르캄탈칸'이 와서 '쿠트흐'와 '미티', '에멤쿠트'와 '시나네프트'를 데리고 자신의 집으로 가려고 했다. '치츠킴치찬'도 같이 가려고 자신의 짐을 실었다. 그러나 그들은 도중에 '치츠킴치찬'을 속이기 위해 그의 짐을 풀 속에 던져버렸다. '치츠킴치찬'이 그 사실을 모르고 짐을 찾으러 집으로 갔을 때 그들은 재빨리 '포르캄탈칸'의 집으로 도망쳤다. '포르캄탈칸'은 자신의 집으로 와서 그들과 함께 행복하게 살

았다.[19]

코랴족 신화인 [자료 4]는 샤머니즘적인 세계관과 밀접히 관련된다. 사악한 정령에 의한 납치는 질병의 야기를 의미하고, 또 그로부터의 구출은 질병의 치료를 의미한다. 이럴 경우 정령으로부터 아내를 구출하기 위해 '에멤쿠트'는 지하계를 여행하고 정령과 싸움을 벌이며 동물로 변신하기도 한다. 이런 행위를 통해 '에멤쿠트'는 샤먼으로서의 권능을 여실히 보여준다. 그만큼 [자료 4]는 샤머니즘을 배경으로 한 신성의 영역에 바탕을 두고 있다.

그러나 [자료 5]는 이와 전혀 다른 점을 보여준다. 신화에서 신성성을 확보하고 있던 '쿠트흐'는 평범한 아버지 역할에 머무르고 있다. 그리고 [자료 4]와 달리 '에멤쿠트'도 평범한 아들 역할에 한정되어 있다. 그는 게으르고 무능한 사냥꾼이면서 거짓말쟁이인 '치츠킴치찬'과 대립적인 부지런하고 유능한 사냥꾼으로서 그 역할을 다하고 있을 뿐이다. '쿠트흐'와 '에멤쿠트'의 속성과 역할로 미루어 볼 때 [자료 5]는 [자료 4]에 비해 세속화된 이야기라고 할 수 있다.

3. 이텔멘족 신화 세속화의 사회·문화적 배경

이텔멘족의 전통적인 신앙과 문화의 바탕에는 애니미즘, 페티시즘, 샤머니즘, 토테미즘 등이 깔려 있다.[20] 그들은 자연이나 동물의 '주인'(хозяин)이나 여러 종류의 정령을 숭배한다. 또 개별적인 사물도 영혼을 가진 것으로 간주한다. 이 때문

---

19) A. B. Dolitsky ed., *Ancient Tales of Kamchatka*, The Alaska-Siberia Research Center, 2002, pp.168-169.

20) А. И. Крушанова ed., История и Культура Ительменов, Ленинград, 1990, p.138.

에 사물은 초자연적인 힘을 가진 것으로 생각되어 숭배의 대상이 된다. 이 같은 믿음은 신상(神像)(идол)의 숭배로 나타난다. 그리고 그들은 <영혼의 이중성>[21]을 바탕으로 사람의 영혼의 존재에 대해 인정한다. 끝으로, 그들은 동물을 사람의 최초의 조상으로 간주한다. 이텔멘족의 문화는 이 같은 신앙을 모태로 하여 형성되고 전승되었다.

그러나 18세기 초반 러시아 정교는 캄차트카에 한 명의 신부를 파견했고, 18세기 중반에는 캄차트카 원주민들의 전통적인 신앙을 말살하면서 그들을 개종시키려고 했다.[22] 결국 이텔멘족은 18세기 중반 이후에 대부분 러시아 정교의 세례를 받았다.[23] 형식상으로 그들은 러시아 정교도가 된 셈이다. 또한 18세기 후반 이후에는 러시아인들과 혼혈되면서 순수한 이텔멘족은 거의 찾아볼 수 없게 되었고, 19세기에는 이텔멘족과 러시아인, 그리고 이들의 혼혈인의 생활방식이 유사해져서 그 차이점을 구분할 수 없을 정도였다.[24]

이러한 이유로 18세기 중반 이후부터 이텔멘족의 전통문화는 파괴되기 시작하였다. 특히, 러시아 정교로의 개종은 전통문화가 파괴되는 결정적인 요인이었다. 종교의 원천은 성(聖)의 세계이다. 그러나 러시아 정교와 같은 기독교화는 오히려 세계를 세속화시켰다. 기독교는 기독교 이외의 세계를 세속적인 것으로 간주했기 때문에 비기독교적인 자연과 세계는 비성화(非聖化)되었다. 이에 따라 이텔멘족의 전통문화, 전통신앙에 기반을 둔 신화도 세속화될 수밖에 없었다.

---

21) <영혼의 이중성>은 시베리아 샤머니즘의 핵심적인 관념이다.
   Å. Hultkrantz, "Shamanism and Soul Ideology", M. Hoppál ed., *Shamanism in Eurasia*, Part 1, Göttingen, 1984, p.34.

22) 제임스 포사이스 지음, 정재겸 옮김, 『시베리아 원주민의 역사』, 솔, 2009, p.155.

23) Е. П. Орлова, Ительмены, Санкт-Петербург, 1999, p.91.

24) 제임스 포사이스 지음, 정재겸 옮김, op. cit., p.156.

그 결과 이텔멘족의 신화는 점차 그들의 기억에서 잊혀졌다. 20세기에 기록된 이텔멘족의 설화가 거의 마법민담이나 동물민담 등과 같은 민담 장르에 해당한다[25]는 것은 이런 사정을 잘 말해 준다. 이와 함께 '쿠트흐'가 등장하는 이텔멘족 신화도 점차 신성성을 잃고 세속화되어 갔다. '쿠트흐'의 세계창조라는 신화적인 주제가 약화되는 것도 바로 이 때문이다. 이텔멘족의 신앙과 문화의 토대가 변하면서 자연적으로 그들이 전승해 왔던 신화와 거기에 등장하는 인물의 성격도 변할 수밖에 없었다. 신화는 그것을 전승하는 사회에서만 그 신성성과 사실성을 부여받을 수 있기 때문이다.[26]

이텔멘족 신화가 세속화되어 가는 과정은 다음의 자료에서도 확인할 수 있다.

[자료 6]

사람이 죽은 후에 이주하는 지하세계에 크고 강한 '가예츠'(Гаечь)가 살고 있었다. '쿠트흐'가 그를 낳았다. 그는 캄차트카에서 살다가 죽은 이텔멘족 사람이다. 그는, 자신의 두 딸이 죽어서 지하세계로 올 때까지 그곳에서 혼자 살았다. 그는 후손들을 가르치기 위해 지상의 세계에 있는 그들의 천막으로 찾아 왔다. 그러나 많은 사람이 그에 대한 공포심 때문에 빨리 죽었다. 그 후 이텔멘족은, '가예츠'가 다시는 그들을 찾지 못하도록 사람이 죽은 천막을 버리고 새로운 천막을 지었다.[27]

이텔멘족의 관념에 따르면, '가예츠'는 지하세계를 다스리는 최고의 정령이다.

---

25) А. П. Володин, С. Ф. Краванова, Н. В. Кочешков, Н. К. Старкова, "Духовная Культура Ительменов", Е. П. Батьянова, В. А. Тураев ed., Народы Северо-Востока Сибири, Москва, 2010, p.185.

26) R. A. Oden, Jr, "Myth and Mythology", R. A. Segal ed., *Myth*, Ⅰ, Routledge, 2007, p.111.

27) С. П. Крашенинников, Описание Земли Камчатки, Том 2, Санктпетербург, 1755, pp.78-79.

인물의 속성만 놓고 보면 그는 비일상, 비범상의 인물이다. 초월, 신비의 영역에 속하는 신성의 인물이 곧 '가예츠'이다. 이와 함께 그가 등장하는 이야기 또한 정령에 대한 신화로서 이텔멘족에게서 신성성을 확보하고 있다. 그러나 그는 캄차트카 반도와 관련된 현실적인 시간과 공간에 존재했다. 그는 현실적이고 경험적이며 일상적인 시간과 공간에 존재했던 세속의 인물인 셈이다. 그는 캄차트카에서 살다가 죽은 이텔멘족 사람으로 간주되고 있기 때문이다. 이런 점을 고려하면, [자료 6]은 신성성을 지녔던 신화가 점차 세속화되어 가는 과정 속에 있는 <신성-세속 복합체>의 이야기라고 할 수 있다.

II. 이텔멘족 트릭스터담의 구조와 유형

1. 트릭스터의 양상과 성격

트릭스터(trickster)라는 인물에 대한 연구는 오래전부터 시작되었다. 브린톤Brinton이 북미원주민 설화에 등장하는 'Wisakketjdk'을 '트릭스터', '사기꾼'deceiver이라는 하나의 인물 유형으로 설정[1]한 이래 많은 연구자들이 트릭스터에 대해 다양한 논의를 진행해 왔다. 그 가운데 트릭스터의 근본적인 성격은 대체로 네 가지로 정리될 수 있다.[2] 첫째 이중성과 모순성, 둘째 모호성과 부조리, 셋째 경계성 등이 그것이다.[3] 이처럼 트릭스터의 성격은 문화적 상황이나 관점에 따라 다양하게 규정될 수 있다. 그러나 트릭스터의 성격이 어떻게 규정되든 '트릭스터'라는 명칭에서 드러나듯이 그의 기본적인 특성은 트릭, 즉 속임수이다.

트릭스터의 다양한 성격을 염두에 두고 이텔멘족(ительмены) 민담에 나타난 트릭스터의 양상과 성격을 살펴보면 다음과 같다.

[자료 1]

쥐들이 함께 바닷가로 갔다. 그 때 뒤를 따르던 가장 어린 쥐가 누워 있

---

[1] Daniel Garrison Brinton, "The Hero-God of the Algonkins as a Cheat and Liar", *Essays of a Americanist*, Porter & Coates, 1890, p.131.

[2] 트릭스터의 성격에 대한 다양하고 구체적인 논의는 나수호, 「한국설화에 나타난 트릭스터 연구」, 서울대 박사학위논문, 2011 참조.

[3] 트릭스터의 성격에 대한 국내의 논의는 대체로 우리나라의 사회문화적 상황 속에서 이중성과 모순성, 모호성과 부조리, 경계성 가운데 어느 하나에 초점을 맞추어 진행되었다.

는 작은 바다표범을 발견하고 소리쳤다. 나머지 쥐들이 달려와 바다표범을 바닷가로 끌어낸 다음 구덩이를 파고 밀어 넣었다. 그 후 그들은 구덩이 위에 앉아 곧 '쿠스클네쿠'(Kusklnequ)['쿠트흐'кутх의 다른 이름]가 와서 우리에게 이를 잡아달라고 해도 그렇게 하면 안 된다고 말했다. '쿠스클네쿠'가 바닷가를 따라 그들에게로 왔다. 그는, 그들이 바다표범을 잡았다는 것을 알고 그들에게 알랑거리면서 이를 잡아달라고 말했다. 쥐들은 거절했다. 그러나 가장 어린 쥐는 그에게서 이를 잡기 시작했다. 그때 그는 구덩이를 파 바다표범 앞 다리를 움켜쥐고 집으로 돌아갔다. 그는 아내 '미티'(миты)에게 바닷가를 가다가 바다표범을 발견했다고 말했다. 그들은 바다표범을 요리해 먹으려고 했다. 쥐들은 집으로 돌아가 어머니에게 자신들이 먼저 발견한 바다표범을 '쿠스클네쿠'가 가져갔다고 말했다. 어머니는, '쿠스클네쿠'가 잠들었을 때 바다표범을 되찾아 오라고 했다. 쥐들은 '쿠스클네쿠' 집으로 가서 몰래 바다표범을 되찾아 왔다. '쿠스클네쿠'와 '미티'는 그 후에 바다표범이 없어진 것을 알았지만 어쩔 수가 없었다.[4]

[자료 2]

'쿠트흐'가 아내 '미티'와 함께 살고 있었다. 어느 날 그는 쥐를 방문했다. 쥐들은 그를 잘 접대했다. 그는 배부르게 먹고 잠이 들었다. 쥐들은 그를 놀리기 위해 그의 눈썹을 붉게 칠했다. 그는 그 사실을 모르고 잠에서 깨어 집으로 돌아갔다. 그는 집에 도착해 집이 불타고 있는 것을 보았

---

4) D. S. Worth ed., *Kamchadal Texts by W. Jochelson*, Mouton, 1961, pp.188-189.

다. 그는 집 밖으로 뛰쳐나온 아내와 함께 아이를 구했다. 잠시 후 아내
는, 그의 눈썹이 붉게 칠해져 있는 것을 보았다. 아내는 그의 눈썹을 자른
후에 그에게 쥐들을 잡아 죽이라고 말했다. 그는 자신을 조롱한 쥐들을
죽이기 위해 막대기를 가지고 그들이 사는 곳으로 갔다. 그러나 그는 쥐
들이 접대한 음식을 먹고 또 잠이 들었다. 그가 잠자는 동안에 쥐들은 그
의 등에 바다표범 가죽을 꿰매었다. 그 사실을 모른 채 그는 잠에서 깬 후
에 집으로 돌아갔다. 그가 집에 도착하자 집 안에 악취가 진동했다. 아내
는 그의 등에 배설물이 가득 찬 바다표범 가죽을 발견하고 잘라냈다. 그
후 다시는 쥐들을 찾아가지 않았다.[5]

[자료 3]

'쿠트흐'가 아내 '미티'와 함께 살고 있었다. 그들의 아들 '에멤쿠트'(Э
мемкут)는 홀로 살면서 부모를 잘 부양하지 않았다. '쿠트흐'는 '미티'
에게 자신이 곧 죽을 것이라고 말했다. '미티'는 그를 위해 음식을 만들었
다. 그는 음식을 먹은 다음 거짓으로 죽은 척했다. 그는 무덤 속에서 제수
(祭需)로 장만한 음식을 먹으면서 잘 살았다. 얼마 후 그는 살아서 집으로
돌아왔다. 가족들은 매우 놀랐다. 그러자 그는 자신을 잘 부양하라는 신
의 말을 지어내어 아들에게 전했다. 그 후 아들은 아버지를 잘 부양하였
다.[6]

5) К. Халоймова, М. Дюрр, Э. Кастен ed., Ительменские Сказки Собранные В. Г. Иохельсоном в *1910-1911* гг., Kulturstiftung Sibirien, 2014, pp.175-177.

6) Ibid., pp.116-119.

[자료 4]

'쿠트흐'가 창가에서 모피 바지를 깁고 있었다. 그때 무엇인가가 빛이 들어오는 것을 막자 자신의 코, 뺨, 입술, 눈썹, 속눈썹 때문이라 생각하고는 그것들을 차례로 잘랐다. 그러나 그 후에 쥐 때문에 빛이 막혔다는 것을 알아차리고 쥐들을 바지로 잡아 나무 꼭대기에 매달아 두었다. 암여우가 지나가다가 쥐들이 외치는 소리를 듣고 그들을 구해 주었다. 그들은, 암여우가 시키는 대로 바지 속을 죽은 쥐 한 마리와 자작나무 껍질로 채운 다음 다시 나무 꼭대기에 매달아 두었다. 다음날 '쿠트흐'가 바지를 내려서 그 속을 살펴보니 그 속에는 죽은 쥐 한 마리와 자작나무 껍질만 있었다. 그는 매우 화가 났다. 그는, 모든 것이 암여우 소행이라 생각하고는 그를 잡아 죽이려고 했다. 그는 암여우 집으로 갔다. 암여우는 매우 아파 신음소리를 내고 있었다. 그는 암여우에게 자신이 잡은 쥐를 훔쳐 갔느냐고 다그쳤다. 암여우는 며칠 째 아파서 자리에 누워 있었다고 그를 속였다. 그 후에 피오줌이 담긴 대야를 강에 비워달라고 그에게 부탁했다. 그는 암여우를 오해한 것이 미안해 대야를 들고 강으로 갔다. 암여우는 뒤따라가서 그를 강으로 밀어버렸다. 그는 물에 빠져 죽었다.[7]

[자료 5]

'쿠트흐'가 아내 '미티'와 함께 살고 있었다. 어느 날 그는 강에서 잉어를 잡아 집으로 돌아가던 중에 그를 속이기 위해 길에 누워 죽은 척하는 여우를 발견했다. 그는 여우를 잉어와 함께 썰매에 실었다. 그가 집으로

---

7) Е. П. Орлова, Ительмены, Санк-Петербург, 1999, pp.144-146.

돌아가는 도중에 여우는 썰매에 있던 잉어를 가지고 뛰어내렸다. 그러나 그는 그 사실을 알지 못하고 집에 도착한 다음 아내에게 잉어와 여우를 가지고 들어오라고 말했다. 아내가 밖으로 나가 보았지만 잡은 잉어는 매우 적었고 여우는 없었다. 그 때 그는 자신이 여우에게 속았다는 것을 알아차렸다. 그 후 그는 다시 강에서 잡은 잉어를 썰매에 싣고 집으로 돌아가다가 죽은 척하는 여우를 발견했다. 그가 여우를 단단히 묶었기 때문에 여우는 이전처럼 썰매에서 뛰어내릴 수가 없었다. 그는 집에 도착하여 아내에게 잉어를 정리하고 여우를 집 안으로 가져와 난로 위에 놓으라고 말했다. 그는 여우를 칼로 손질하려고 했지만, 여우가 아직 얼은 척 하여 손질할 수가 없었다. 잠시 후 그가 여우를 손질하려고 할 때 여우가 난로에서 뛰어내려 불을 꺼버렸다. 이에 그와 아내는 매우 놀랐다. 이 틈을 노려 여우는 밖으로 뛰어나와 그들을 비웃으면서 달아났다.[8]

트릭스터를 속임수를 구사하는 인물로 규정할 경우, 이텔멘족 민담에 나타난 트릭스터의 양상은 다양하다. 우선, 트릭스터의 신분이 사람인 경우도 있고 동물인 경우도 있다. [자료 1]과 [자료 3]에서는 각각 '쿠스클네쿠'와 '쿠트흐'라는 사람이 트릭스터로 등장하고, [자료 2], [자료 4], [자료 5]에서는 동물이 트릭스터로 등장한다. '쿠스클네쿠'와 '쿠트흐'가 까마귀를 의미한다[9]는 점을 염두에 두면 이텔멘족 민담에 등장하는 트릭스터는 대부분 동물이다. 동물 트릭스터일 경우 주로 쥐

---

8) К. Халоймова, М. Дюрр, Э. Кастен ed., op. cit., pp.119-120.

9) С. П. Крашенинников, Описание Земли Камчатки, Том 1, 2, Санктпетербург, 1755, p.71.

¹⁰⁾([자료 2])와 여우([자료 4], [자료 5])가 등장한다. 그러나 동물 트릭스터이더라도 민담에서 의인화되어 있음은 물론이다.

이 가운데 [자료 1]에 등장하는 트릭스터 '쿠스클네쿠'는 '쿠트흐'의 다른 이름이다. 이텔멘족 신화에서 '쿠트흐'는 캄차트카의 창조자 또는 조물주의 역할을 다한다. 그러나 민담에서는 '쿠트흐'가 트릭스터나 대식가(大食家) 또는 게으름뱅이 등 세속적인 역할을 한다.¹¹⁾

트릭스터는 일정한 목적을 달성하기 위해 대상[dupe]에게 속임수를 쓴다.¹²⁾ [자료 1]에서 '쿠스클네쿠'는 바다표범을 훔치기 위해 쥐에게 속임수를 쓴다. 속임수의 목적이 식량을 획득하는 데 있는 셈이다. [자료 2]에서 쥐는 '쿠트흐'에게 두 차례에 걸쳐 속임수를 쓴다. 첫 번째 속임수는 '쿠트흐'의 눈썹을 붉게 칠하는 것이고, 두 번째 속임수는 배설물이 가득찬 바다표범 가죽을 '쿠트흐'의 등에 꿰매는 것이다. 이 속임수를 통해 쥐는 '쿠트흐'를 골탕 먹인다. [자료 3]에서 '쿠트흐'는, 자신이 곧 죽을 것이라고 말하면서 제수로 마련한 음식을 많이 먹고 죽은 척한다. 이 속임수의 목적은 자신에게 무관심한 아들 '에멤쿠트'의 부양을 받기 위한 것이다. [자료 4]에서도 여우는 세 차례에 걸쳐 '쿠트흐'에게 속임수를 쓴다. 첫 번째 속임수는 '쿠트흐'에게 잡힌 쥐들을 돕기 위한 것이고, 두 번째 속임수는 자신이 처한 위기에서 벗어나기 위한 것이며 세 번째 속임수는 '쿠트흐'를 처벌하기 위한 것

---

10) 이텔멘족은 쥐도 사람처럼 생활한다고 생각한다. 따라서 쥐는 사람처럼 판단력과 경제적인 능력을 가지고 있다. 그들은 숲에서 채집활동을 할 때 항상 쥐가 먹을 식량을 남겨둔다. 그렇지 않으면 쥐는 자살로 삶을 끝낼 수 있다고 생각한다. (E. П. Орлова, op. cit., p.89.)

11) А. П. Володин, С. П. Карабанова, Н. В. Кочешков, Н. К. Старкова, "Духовная Культура Ительмены", Е. П. Батьянова, В. А. Тураев ed., Народны Северо-Востока Сибири, Москва, 2010, p.185.

12) 임주영은 한국 트릭스터담에 나타난 속임수의 목적을 트릭스터와 대상(dupe)이 수평적인 관계를 이룰 때 ①취리형 ②위기 모면형 ③내기형 ④징치형 ⑤유희형 ⑥도움형 ⑦시험형으로, 수직적인 관계를 이룰 때 ①취리형 ②위기 모면형 ③벼슬형 ④징치형 ⑤유희형으로 나누었다.(임주영, 「한국 트릭스터담의 유형 및 성격 연구」, 국민대학교 대학원 석사학위논문, 2005.)

이다. 여우가 사용한 세 번의 속임수 목적은 각각 도움과 위기 모면, 그리고 처벌에 있다. [자료 5]에서 여우는 두 번에 걸쳐 '쿠트흐'에게 속임수를 쓴다. 첫 번째 속임수는 잉어를 훔치기 위한 것이고, 두 번째 속임수는 자신이 처한 위기를 벗어나기 위한 것이다. 여우가 사용한 속임수의 목적은 먹잇감 획득과 위기 모면에 있다.[13)]

[자료 1]에서 쥐가 속는 대상으로 등장하지만 쥐는, '쿠스클네쿠'가 훔쳐간 바다표범을 되찾고, [자료 2]에서 쥐가 속이는 주체로 등장하지만 쥐는 죽음의 위기에서 벗어나 일상적인 생활을 하며, [자료 4]에서는 쥐를 괴롭힌 '쿠트흐'가 트릭스터 여우에 의해 죽음에 이르게 된다. 이러한 쥐에 대한 우호적인 시선은 쥐를 사람처럼 간주하여 그를 배려하는 이텔멘족의 관념과 무관하지 않다.

이상에서 알 수 있는 것처럼 이텔멘족 민담에 등장하는 트릭스터들은 다양한 목적을 위해 거짓말을 하고 속임수를 부린다. 그들의 거짓말과 속임수의 목적은 식량이나 먹잇감을 획득하고, 남을 돕거나 골탕 먹이고, 위기에서 벗어나며, 한 인물을 처벌하는 데 있다. 특히, [자료 1]과 [자료 3] 그리고 [자료 5]에서처럼 트릭스터는 식량이나 먹잇감 획득을 위해 대상에게 속임수를 쓴다. 이것은 트릭스터의 속성 가운데 하나가 식욕이라는 점을 잘 보여준다.[14)] 이런 다양한 성격들로 미루어 볼 때 이텔멘족 민담에 나타난 트릭스터는 현실적이고 일상적인 욕구에 충실한 세속적인 인물이라 할 수 있다.

---

13) 임주영의 분류에 따르면 [자료 1], [자료 2], [자료 3], [자료 4], [자료 5]에 나타난 속임수의 목적은 각각 취리, 유희, 취리, 도움과 위기 모면 그리고 처벌, 취리와 위기 모면에 있다.

14) P. Radin, *The Trickster: A Study in American Indian Mythology*, New York, 1972, pp.132-146.

2. 트릭스터담의 구조와 유형

트릭스터담은, 트릭스터가 주인공으로 등장하는 이야기이다. 이럴 경우 트릭스터는 자신의 목적을 달성하기 위해 어떤 대상에게 속임수를 쓰는 인물이다. 속임수를 사용하는 트릭스터를 중심으로 서사가 진행되는 이야기가 트릭스터담인 셈이다. 이 같은 트릭스터담에서 트릭스터가 구사하는 속임수는 대체로 두 가지 기능을 수행한다. 하나는 서사적 긴장·갈등을 야기하는 기능이고, 다른 하나는 그 서사적 긴장·갈등을 해소하는 대응행위로서의 기능이다. 이 대응행위는 서사적인 중화(中和)의 기능을 갖는다. 서사적 긴장·갈등의 원인과 해소라는 속임수의 두 가지 기능을 염두에 둘 때 트릭스터담의 구조[15]는, 마란다(Maranda)가 제안한 '원인-결과의 공식'(cause-result formula)에 의해 분석될 수 있다.[16]

[자료 1]에서 '쿠스클네쿠'는 쥐에게서 식량을 훔치기 위해 속임수를 쓴다. 이 속임수는 바다표범을 두고 '쿠스클네쿠'와 쥐 사이에 긴장·갈등을 야기한다. 그 결과 '쿠스클네쿠'의 속임수가 성공하면서 쥐는 자신들의 먹잇감인 바다표범을 잃게 된다. 그러나 쥐는 '쿠스클네쿠'의 속임수에 대한 대응행위를 통해 결국 잃어버렸던 바다표범을 되찾는다. 속임수의 대상인 쥐의 대응행위에 의해 일시적으로 성공

---

15) 속임수 모티프를 포함하고 있는 우리나라 설화의 서사구조를 분석한 연구 성과로 다음과 같은 것들이 있다. 이한길, 속임/속음의 서사구조-트릭스터 유형을 중심으로, 서강대 석사학위논문, 1989 ; 조선옥, 사술담 연구, 부산여대 석사학위논문, 1993 ; 김우열, 속임수 설화, 건국대 석사학위논문, 1993 ; 류정월, 트릭스터담의 문화기호학적 연구-청구야담을 중심으로, 서강대 석사학위논문, 1997 ; 김기호, 한국 트릭스터담 연구-호랑이 이야기를 중심으로, 영남대 박사학위논문, 2001 ; 임주영, 한국 트릭스터담의 유형 및 성격 연구, 국민대 석사학위논문, 2005.

16) E. K. Maranda and P. Maranda, *Structural Models in Folklore and Transformational Essays*, Mouton, 1971, p.35.
마란다는 민간전승의 구조적 모델을 QS(quasi solution) : QR(quasi result) :: FS(final solution) : FR(final result)의 공식으로 제시하였다. 이럴 경우 QS는 긴장·갈등의 원인을, QR은 그 결과를 의미한다. 그리고 FS는 긴장·갈등의 해소를 위한 대응행위를, FR은 그 결과를 의미한다.

했던 트릭스터의 속임수가 무효화되고 있는 셈이다. 이 같은 [자료 1]의 서사진행을 '원인-결과의 공식'으로 도식화하면 다음과 같다.

QS : '쿠스클네쿠'의 속임수

QR : 쥐의 바다표범 분실

FS : 쥐의 바다표범 회수

FR : '쿠스클네쿠'의 바다표범 분실

[자료 2]에서 쥐는 자신들을 찾아온 '쿠트흐'를 놀리기 위해 1차 속임수를 쓴다. 이 속임수는 쥐와 '쿠트흐' 사이에 긴장·갈등을 야기한다. 이후에 집에 돌아와 쥐들에게 속은 것을 알아챈 '쿠트흐'는 쥐들을 죽이기 위해 다시 찾아가지만 뜻을 이루지 못한다. '쿠트흐'의 대응행위가 실패한 셈이다. 그러자 쥐는 2차 속임수를 부려 또다시 '쿠트흐'를 놀린다. 그러나 '쿠트흐'가 집에 돌아와 쥐에게 속은 것을 알았지만 1차 속임수 때와 달리 아무런 대응행위를 하지 않는다. '쿠트흐'가 다시는 쥐를 찾아가지 않기 때문이다. 이 같은 [자료 2]의 서사진행을 도식화하면 다음과 같다.

QS : 쥐의 속임수(1차)

QR : '쿠트흐'의 골탕

FS : '쿠트흐'의 복수 시도

FR : 쥐의 평온

↓

QS′ : 쥐의 속임수(2차)

QR′ : '쿠트흐'의 골탕

FS′ : '쿠트흐'의 복수 포기

FR′ : 쥐의 평온

[자료 3]에서 '쿠트흐'는 부양에 무관심한 아들 때문에 빈곤하게 산다. 이에 '쿠트흐'는 아들의 적극적인 부양을 유도하기 위해 거짓으로 죽은 척한다. 이 속임수는 아들의 행위에 대한 '쿠트흐'의 대응행위인 셈이다. 결국 다시 살아서 돌아온 '쿠트흐'는 거짓으로 지어낸 신의 말을 아들에게 전함으로써 그의 적극적인 부양을 받게 된다. '쿠트흐'의 속임수는 자신과 아들 사이에 형성된 긴장·갈등을 해소한다. 이 같은 [자료 3]의 서사진행을 '원인-결과의 공식'으로 도식화하면 다음과 같다.

QS : '에멤쿠트'의 무관심

QR : '쿠트흐'의 빈곤

FS : '쿠트흐'의 속임수

FR : '에멤쿠트'의 부양

[자료 4]에서 '쿠트흐'는 스스로 자신의 신체 부위를 잘라낸 것이 쥐 때문이라고 생각하고 쥐를 잡아 죽이려고 한다. 쥐가 쿠트흐'에 의해 죽을 위기에 처함으로써 '쿠트흐'와 쥐 사이에 긴장·갈등이 야기된다. 이 때 여우의 1차 속임수에 의해 쥐는 죽음의 위기에서 구출된다. 이 결과로 여우가 다시 쥐처럼 죽을 위기에 처한다. 여우가 쥐를 풀어주었다는 것을 '쿠트흐'가 나중에 알았기 때문이다. 그러나 2차 속임수와 3차 속임수에 의해 여우는 스스로 위기에서 벗어날 뿐만 아니라 더 나아가

쥐와 여우를 괴롭히던 '쿠트흐'는 죽게 된다. 이 같은 [자료 4]의 서사진행을 '원인-결과의 공식'으로 도식화하면 다음과 같다.

QS : '쿠트흐'의 쥐 포획

QR : 쥐의 위기

FS : 여우의 속임수(1차)

FR : 쥐의 구출

↓

QS′ : '쿠트흐'의 여우 포획 의지

QR′ : 여우의 위기

FS′ : 여우의 속임수(2차·3차)

FR′ : 여우의 위기 모면 및 '쿠트흐'의 죽음

[자료 5]에서 여우는 1차 속임수를 사용하여 '쿠트흐'가 잡은 잉어를 훔친다. 이 속임수에 의해 여우와 '쿠트흐' 사이에는 긴장·갈등이 야기된다. 이후에 여우가 자신이 잡은 잉어를 훔쳤다는 사실을 알아챈 '쿠트흐'는 다시 속임수를 쓰는 여우를 잡아 단단히 묶는다. '쿠트흐'의 대응행위가 일시적으로 성공하고 있는 셈이다. 잉어와 함께 여우를 잡아 집으로 돌아온 '쿠트흐'는 여우를 칼로 손질하려고 한다. 그러나 여우는 아직 얼어 있는 척하다가 집 밖으로 뛰어나와 도망친다. 2차 속임수에 의해 여우는 죽을 고비를 넘긴다. 2차 속임수는 '쿠트흐'가 취한 대응행위의 일시적인 성공을 무효화시키면서 여우와 '쿠트흐' 사이에 형성된 긴장·갈등을 해소시킨다. 이 같은 [자료 5]의 서사진행을 '원인-결과의 공식'으로 도식화하면 다음과 같다.

QS : 여우의 속임수(1차)

QR : '쿠트흐'의 잉어 분실

FS : '쿠트흐'의 여우 고정

FR : 여우의 포획

↓

QS′ : '쿠트흐'의 여우 손질

QR′ : 여우의 위기

FS′ : 여우의 속임수(2차)

FR′ : '쿠트흐'의 여우 분실

이상에서 보인 트릭스터담의 구조에서 알 수 있는 것처럼 속임수는 긴장·갈등을 야기하기도 하고 긴장·갈등을 해소하기도 한다. 또는 두 기능을 동시에 수행하기도 한다. 그만큼 트릭스터담에서 속임수는 매우 중요한 서사적 기능을 수행한다고 할 수 있을 것이다. 따라서 트릭스터담의 유형을 분류할 때도 트릭스터담의 구조에서 속임수가 갖는 서사적 기능을 염두에 두어야 할 것이다. 이럴 경우 트릭스터담의 유형은 크게 속임수가 QS에 관련되어 긴장·갈등을 야기하는 기능을 수행하는 긴장·갈등 야기형(A형)과 FS에 관련되어 긴장·갈등을 해소하는 대응행위의 기능을 수행하는 긴장·갈등 해소형(B형), 그리고 속임수가 앞의 두 기능을 순차적으로 수행하는 긴장·갈등 복합형(C형) 등으로 나뉜다. 이럴 경우 [자료 1]과 [자료 2]는 A형에, [자료 3]과 [자료 4]는 B형에, 그리고 [자료 5]는 C형에 속한다. 이 가운데 A형에 속하는 [자료 1]은 단일 시퀀스sequence로 이루어진 단일 긴장·갈등 야기형, [자료 2]는 연쇄 시퀀스로 이루어진 연쇄 긴장·갈등 야기형이라고 할 수 있다. 또 B형에 속하는 [자료 3]은 단일 시퀀스로 이루어진 단일 긴장·갈등 해소형,

[자료 4]는 연쇄 시퀀스로 이루어진 연쇄 긴장·갈등 해소형이라고 할 수 있다. C형에 속하는 [자료 5]는 두 기능을 수행하는 속임수가 순차적으로 나타나기 때문에 연쇄 긴장·갈등 복합형이라고 할 수 있다.

3. 트릭스터담과 이텔멘족의 세계관

신화적 사고는 상징적 층위에서 사회-역사적으로 주어진 사실들 사이의 관계망을 형성한다. 이 같은 신화적 사고는 정신활동의 역동적인 핵심으로 간주되는 중재항(mediator)을 통해 상호대립을 조정하는 특별한 역할을 수행한다.[17] 이럴 경우 이텔멘족 트릭스터담의 '원인-결과' 구조에서 등장인물 사이에 형성된 긴장·갈등을 중재하는 기능을 수행하는 것은 FS이다. 이것은 서사적 중화를 위한 대응행위라는 의미를 갖는다.

그러나 이텔멘족 트릭스터담의 서사진행에서 대응행위로서의 중재 시도가 이루어지는 경우도 있고 그렇지 않은 경우도 있다. 앞장의 분석에서 알 수 있는 것처럼 [자료 1]과 [자료 2]의 첫 번째 시퀀스, [자료 3], [자료 4] 그리고 [자료 5]에서는 중재 시도(FS와 FS')가 이루어지고 있다. 그러나 [자료 2]의 두 번째 시퀀스에서는 중재 시도가 이루어지지 않고 있다. 쥐의 2차 속임수에 의해 다시 놀림을 당한 '쿠트흐'가 스스로 복수를 포기하고 있기 때문이다.

[자료 1]과 [자료 3], [자료 4] 그리고 [자료 5]에서는 중재 시도가 성공하고 있고, [자료 2]의 첫 번째 시퀀스에서는 중재 시도가 실패하고 있다. 이 가운데 [자료

---

17) Claude Lévi-Strauss, *Structural Anthropology*, Penguin Books, 1979, pp.333-335.

1]과 [자료 3]의 중재 행위, [자료 4]의 첫 번째 시퀀스의 중재 행위와 두 번째 시퀀스의 첫 번째 중재 행위, 그리고 [자료 5]의 두 번째 시퀀스의 중재 행위의 결과는 단순히 어떤 원인에 의해 야기된 긴장·갈등이 무효화(nullification)된 것일 뿐이다. 중재 행위의 결과 [자료 1]에서는 쥐가 잃어버린 바다표범을 되찾고, [자료 3]에서는 부양을 받지 못하던 '쿠트흐'가 '에멤쿠트'의 부양을 받으며, [자료 4]의 첫 번째 시퀀스의 중재 행위에 의해 위기에 처한 쥐가 구출되고 두 번째 시퀀스의 첫 번째 중재 행위에 의해 역시 여우가 위기를 모면하고 있기 때문이다. 또 [자료 5]의 두 번째 시퀀스의 중재 행위에 의해 여우는 죽을 위기에서 벗어나기 때문이다. 이와 달리 [자료 4]의 두 번째 시퀀스의 두 번째 중재 행위와 [자료 5]의 첫 번째 시퀀스의 중재 행위는 단순히 처음의 결과를 무효화시킬 뿐만 아니라 더 나아가 처음의 결과를 다른 것으로 치환permutation시키고 있다. [자료 4]의 두 번째 시퀀스의 두 번째 중재 행위에 의해 여우는 위기에서 모면할 뿐만 아니라 자신을 죽이려고 했던 '쿠트흐'를 오히려 익사시켰고, [자료 5]의 첫 번째 시퀀스의 중재 행위에 의해 '쿠트흐'는 자신이 잡은 잉어를 분실하지 않았을 뿐만 아니라 잉어를 훔친 여우를 포획하였기 때문이다.

이처럼 중재 행위의 유무와 성공 여부, 그리고 그 결과의 양상에 따라 이텔멘족 트릭스터담의 서사는 대체로 네 가지 모델로 분류될 수 있다. 모델 I : [자료 2]의 두 번째 시퀀스에서처럼 중재 행위가 없는 서사, 모델 II : [자료 2]의 첫 번째 시퀀스에서처럼 중재 행위가 있더라도 그 행위가 실패하는 서사, 모델 III: [자료 1]과 [자료 3], [자료 4]의 첫 번째 시퀀스와 두 번째 시퀀스, [자료 5]의 두 번째 시퀀스에서처럼 중재 행위가 단순히 처음의 결과를 무효화시키는 서사, 모델 IV: [자료 4]의 두 번째 시퀀스와 [자료 5]의 첫 번째 시퀀스에서처럼 처음의 결과를 무효화시키는 것을 넘어서 다른 것으로 치환시키는 서사 등이 그것이다.

서사에서 처음의 상황을 다른 마지막 결과로 바꾸는 동인을 중재항이라고 할 때, 그것의 유무와 성공 여부 그리고 그 결과는 중요한 문화적 지표가 된다.[18] 모델 I에 속하는 [자료 2]의 두 번째 시퀀스에서처럼 중재 행위가 없는 서사나 모델 II에 속하는 [자료 2]의 첫 번째 시퀀스에서처럼 중재 행위가 실패하는 서사는 주로 환경결정론적인 문화를 가진 원시사회에 분포한다. 자연환경이 모든 것을 결정하기 때문에 중재 행위는 아무런 의미를 갖지 못한다. 이런 사회에서는 최소한의 생존수단만 있어도 생활이 가능하기 때문에 굳이 주어진 처음의 상황을 다른 상황으로 바꾸고자 하는 중재 행위를 필요로 하지 않는다. 이와 달리 모델 III에 속하는 [자료 1]과 [자료 3], [자료 4]의 첫 번째 시퀀스와 두 번째 시퀀스, [자료 5]의 두 번째 시퀀스와 모델 IV에 속하는 [자료 4]의 두 번째 시퀀스와 [자료 5]의 첫 번째 시퀀스에서처럼 중재 행위가 성공하는 서사는 주로 문명화된 사회에 분포한다. 이런 사회에서는 항상 처음에 주어진 상황을 상대적으로 더 나은 상황으로 바꾸고자 하는 욕망이 두드러지게 나타난다. 특히, 모델 IV에 속하는 [자료 4]의 두 번째 시퀀스와 [자료 5]의 첫 번째 시퀀스와 같은 서사는 상대적인 욕망 추구 또는 경쟁이 더욱 치열하게 전개되는 자본주의 사회에 우월하게 분포한다.

이런 점에서 볼 때 이텔멘족 트릭스터담 가운데 [자료 2]는 그들의 원시적인 세계관을 보여주고, [자료 1]과 [자료 3] 그리고 [자료 4]와 [자료 5]는 그들의 문명화된 세계관을 보여준다. 특히, [자료 4]의 두 번째 시퀀스와 [자료 5]의 첫 번째 시퀀스에는 자본주의적인 세계관이 내포되어 있다. 이런 차이는 곧 사회의 발전에 따른 이텔멘족 세계관의 변화를 반영한다.

---

18) E. K. Maranda and P. Maranda, op. cit., p.87.

제 6 장

유카기르족 신화론

I. 유카기르족 샤먼 전승의 구조와 샤먼의 역할

1. 유카기르족 샤머니즘과 샤먼

유카기르족 샤머니즘은 본질적으로 시베리아 다른 민족의 그것과 유사하다. 그러나 유카기르족 샤머니즘은 이웃민족의 영향 아래 고대적인 특징을 상실하면서 큰 변화를 겪었다. 유카기르족의 샤먼 의례가 야쿠트족이나 퉁구스족의 그것과 혼용된 것이 그 한 예이다.[1]

---

[1] V. I, Jochelson, *The Jesup North Pacific Expedition, Vol. IX, Part II, The Yukaghir and the Yukaghirized Tungus*, New York, 1924, p.162.

이와 함께 시베리아로 이주해 온 러시아인들, 주로 러시아 정교 사제(司祭)들에 의해서도 샤머니즘은 점차 쇠퇴의 길을 걸었다. 샤먼이 사제들에 의해 박해를 받으면서 샤머니즘은 비밀스럽게 신봉되었다.

고대의 유카기르족 샤먼은 그들의 사회 조직에서 특별한 위치를 차지한다. 그는 친척이나 씨족의 보호자 또는 씨족의 대표자 역할을 담당한다. 이와 아울러 유카기르족은 그들의 기원을 샤먼에게 둔다. '샤먼'과 '조상'이 한 사람으로 통합되면서 유카기르족은 '샤먼-조상'(shaman-ancestor)에 대한 숭배 관념을 발전시켰다.

샤먼이 죽으면 유카기르족은 그의 살과 뼈를 분리한다. 분리된 살을 건조시킨 후에 죽은 샤먼의 친척들은 그것을 나누어 가진다. 그런 다음 제물로 바친 개와 함께 천막에 보관한다. 그리고 그들은 건조시킨 뼈를 사람처럼 장식한다. 이 신상(神像)을 천막에 두고 식사 때마다 제물을 바치면서 숭배한다. 또 두개골은 조상숭배의 샤먼으로 인정된 자손, 특히 맏아들에 의해 보관된다. 이러한 유카기르족의 고대 관습은, 죽은 샤먼이 그들의 조상과 동일시되고 있음을 보여준다.

일반적으로 샤먼은 보호자로서 이로운 정령(spirit)을 가진 백샤먼(white shaman)과 해로운 정령을 가진 흑샤먼(black shaman)으로 구분된다. 혹은 한 샤먼이 동시에 백샤먼과 흑샤먼이 될 수도 있다. 유카기르족 샤먼은 이로운 정령과 해로운 정령, 그리고 죽은 샤먼의 영혼을 통제한다는 점에서 백샤먼과 흑샤먼의 성격을 동시에 갖는다.

이 같은 유카기르족 샤먼은 씨족의 보호자 또는 씨족의 대표자이기 때문에 적어도 씨족에 대해서는 사악한 샤먼이 될 수 없다. 그러나 그는 경쟁 관계에 있는 다른 샤먼, 이방인, 자신에게 적의를 품고 있는 사람, 친족 중 어떤 개인을 해칠 수도 있다.

현재 유카기르족의 전통적인 종교적, 사회적, 경제적 생활은 러시아 문화의 영향에 의해 많은 변형을 겪었다. 특히, 그런 변형은 샤머니즘에서 가장 현저하게 드러난다. 과거 유카기르족 사회에서 샤먼은 큰 영향력을 지녔었다. 그러나 19세기 말 샤먼의 지위는 약화되었다. 사제, 사냥꾼과 동물 보호령의 중재자, 보조령의 도움을 통한 예언자 등과 같은 샤먼의 역할이 상실되었기 때문이다.[2] 샤먼이 아직 활동하는 지역에서 그는 보통의 직업적인 샤먼이 되었다. 씨족의 보호자 또는 씨족의 대표자로서의 지위가 약화되고 질병 치료가 그의 주요한 역할이 되었기 때문이다.

2. 유카기르족 샤먼 전승의 구조와 샤먼의 역할

이야기 형태든 아니면 의례 형태든 샤먼과 관련된 모티프를 포함하는 민간전승을 샤먼 전승(shaman tradition)이라고 할 경우, 이러한 전승의 핵심적인 구조는 기본적으로 샤먼에게 부여된 역할에 의해 결정된다.

[자료 1]

콜리마(kolyma)강 마을 촌장이 알단(aldan)강 마을 촌장을 방문했다. 그때 알단강 마을 촌장은 계속 앓고 있던 아내가 죽을지 몰라 두려웠다. 알단강 마을 촌장은 그곳을 떠나려는 콜리마강 마을 촌장을 집안으로 맞아들였다. 콜리마강 마을 촌장은 집 안에서 탁자 주위에 앉아 있던 7명의 사람을 보았다. 그들은 모두 샤먼이었다. 그들은 알단강 마을 촌장의 아

---

2) L. N. Zhukova, L. N. Zhukova, "Folkloric Texts of Yukaghir-Hunters of the Upper Kolyma about Shamans and Shamanism", *Karademiz*, Vol. 5, Winter, 2013, p307.

내를 낫게 하기 위해 굿을 했지만, 그녀는 점점 더 악화되었다. 콜리마강 마을 촌장은 자신의 부족으로부터 눈이 하나만 있는 젊은 샤먼을 데려와 굿을 하게 했다. 젊은 샤먼은 까마귀처럼 울었고 곰처럼 으르렁거렸으며 늑대처럼 울부짖었다. 그 후 그는 알단강 마을 촌장의 아내의 육신을 작은 조각으로 잘랐다. 그는 조각을 삼킨 후에 다시 내뱉고 거기에 세 번 입김을 불었다. 그런 후에 조각을 다시 붙이고 새로운 피부로 덮었다. 그가 세 번 더 입김을 불자 육신이 숨을 쉬었다. 이때부터 알단강 마을 촌장의 아내는 병이 나아서 음식을 먹고 물을 마실 수 있었다.[3]

[자료 2]

옛날에 유카기르족은 돌도끼, 뼈로 만든 화살, 순록 갈비뼈로 만든 칼, 썰매 등을 사용하였다. 여름이 되자 그들은 배와 뗏목을 타고 강 하류로 여행을 떠나려고 했다. 이때 그들은 불 속으로 짐승기름을 뿌린 후에 죽은 샤먼의 뼈를 불 위에서 흔들고 나서 뼈를 불 주위에 놓았다. 잠시 후 그들은 그것을 들어 올리려고 했지만 올릴 수가 없었다. 그들은, 이것이 무엇을 예언하는 것인지 모른 채 여행을 떠났다. 그러나 여행 도중에 그들이 타고 가던 뗏목이 부서지자 둑으로 헤엄쳐 나와 천막을 쳤다. 거기서 그들은 죽은 샤먼의 뼈가 무엇을 예언하는지 알기 위해 샤먼으로 하여금 굿을 하게 했다. 샤먼은 굿을 한 다음 죽은 샤먼의 뼈가 예언하는 것을 말해 주었다. 그것은, 그들이 무기 없이 수많은 새로운 사람들과 싸우게 될 것이라는 예언이었다. 실제로 그들은 입 주위에 털이 있고, 검은 옷

---

3) W. Bogoras, *Tales of Yukaghir, Lamut, and Russianized Natives of Eastern Siberia*, New York, 1918, pp.93-95.

을 입고 있는 수많은 이방인을 만나 싸웠다.[4]

[자료 3]

사슴의 주인령(主人靈)은, 키가 작은 사람으로서 다리가 6개인 사슴 위에 앉아 있었다. 유카기르족은 사냥을 떠나면서 자신들을 보살펴 주기를 샤먼에게 요청했다. 샤먼은 그들에게 충고했다. "사슴을 잡으면 그 두개골과 뼈, 그리고 발굽을 깨끗이 하여 창고에 두어라. 만약 그렇게 하지 않으면 사슴의 주인령이 너희를 용서하지 않을 것이다. 그는 사슴을 다른 곳으로 데려갈 것이고, 그 또한 여기를 떠날 것이다." 샤먼의 충고를 준수한 사냥꾼들은 무사히 많은 사슴을 계속해서 잡을 수 있었다. 샤먼의 충고는 지금도 준수되고 있다. 이 같은 전통의 준수는 사슴의 주술적인 부활을 촉진한다.[5]

[자료 4]

아버지와 아들은 모두 유카기르족 샤먼이었다. 아들이 혼인한 후에 그의 아내가 아이를 낳자마자 죽었다. 또 그의 아내가 아이를 낳았지만 역시 죽었다. 아버지는 아들의 침대를 지키면서 밤새 잠을 자지 않았다. 어느 날 아버지는 그의 아내에게 밤 동안 아들이 방안에서 사라진다고 말했다. 그러나 아내는 그 말을 믿지 않았다. 아버지는 잠을 자는 동안 꿈을 꾸었다. '아들의 흔적을 따라가다가 큰 호숫가에서 활을 잡고 누워 있는 아들을 찾았다. 아들은 물새로 변신하여 호수 가운데서 헤엄치고 있는 야

---

4) V. I, Jochelson, op. cit., pp.208-209.
5) L. N. Zhukova, op. cit., pp.308-309.

쿠트족 샤먼의 영혼을 지켜보고 있었다. 아들은 자신의 아이들을 게걸스럽게 먹었던 그를 죽이기 위해서 기회를 엿보고 있었다. 아버지는 맘모스의 영혼을 불러내어 아들과 함께 등에 타고 호수 가운데로 갔다. 그들은 물새가 헤엄치고 있는 호수 중앙에 도달했다. 아들은 활을 쏘아 물새를 죽였다. 그때부터 아들의 아이들이 죽지 않았다.' 잠에서 깬 아버지는 아들과 함께 야생순록을 사냥하던 야쿠트족 샤먼의 영혼을 추적했다. 그러자 야쿠트족 샤먼은 병에 걸렸고, 산에서 내려온 붉은 개가 그를 물어 죽였다.[6]

[자료 1]과 [자료 2], [자료 3], [자료 4]에서 주인공은 공통적으로 가능성을 간직한 상황에서 그 가능성을 실현하여 목적을 달성하려고 한다. 이럴 경우 그 가능성은 실현될 수도 있고 실현되지 않을 수도 있으며, 그 목적 또한 달성될 수도 있고 달성되지 않을 수도 있다. 이와 같은 서사의 논리적 가능성을 기본적인 연쇄로 나타내면 다음과 같다.[7]

이 도표에서 '가능성'(virtuality)은 달성되어야 할 목적이고, '실현'(actualization)

---

6) V. I, Jochelson, op. cit., pp.214-215.

7) C. Bremond, "The Logic of Possibilities", *New Literary History*, Vol. XI, No. 3, 1980, p.388.

은 목적을 달성하기 위해 필요한 행위이며, '비실현'(absence of actualization)은 그 행위에 대한 장애이고, '달성된 목적'(goal attained)은 성공적인 행위이며 '달성되지 않은 목적'(goal not attained)은 실패한 행위이다. 이럴 경우 '가능성'은 최종적으로 달성되어야 할 이야기 가치(tale value)이기도 하다.

[자료 1]에서 가능성을 간직한 상황은 알단강 마을 촌장의 아내의 치료이고, [자료 2]에서 그것은 주술적 징후의 해독이고, [자료 3]에서 그것은 성공적인 사냥이고, 마지막으로 [자료 4]에서 그것은 적의를 품은 샤먼으로부터 지켜야 할 유카기르족 가족의 생명이다. 각 자료에 나타난 가능성을 간직한 상황은 역설적으로 마을 촌장의 아내의 질병과 주술적 징후에 대한 무지(無知), 사냥의 실패, 그리고 적의를 품은 샤먼의 공격이라는 '악화'(degradation)로부터의 '개선'(amelioration)을 내포하고 있다. 이야기에 내포된 각각의 '악화'를 '개선'하는 것이 '가능성', 즉 달성되어야 할 이야기 가치이다.

이 같은 '가능성'의 '실현'과 '비실현', 또 '달성된 목적'과 '달성되지 않은 목적'으로 분기하는 갈림길에서 이야기의 전개를 가능하게 하는 것은 샤먼의 행위이다. 샤먼이 존재하지 않았다면 이야기의 전개 자체가 불가능하다. 샤먼은 이야기 주인공 앞에 놓인 '가능성'의 '실현'을 위해 '개선'의 행위를 시도한다. 이 행위는 다음의 서사적 연쇄로 나타낼 수 있다.[8]

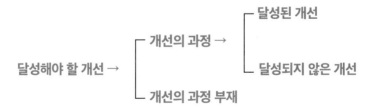

8) Ibid., p.390.

[자료1], [자료 2], [자료 3], [자료 4]에 나타난 '달성해야 할 개선'(amelioration to obtain)은 각각 아픈 사람을 치료하는 것, 주술적 징후의 의미를 알려주는 것, 사냥꾼에게 사냥의 규범을 가르쳐주는 것, 끝으로 적의를 품은 샤먼을 물리치는 것이다.

　이 같은 '달성해야 할 개선'을 샤먼은 '개선의 과정'(process of amelioration)을 거쳐 달성한다. [자료 1]의 '개선의 과정'에서 샤먼에 의해 취해진 수단은 <의례>이다. 샤먼은 주술적인 의례를 통해 알단강 마을 촌장의 아내의 질병을 치료하고 있기 때문이다. 이럴 경우 질병을 치료하기 위한 샤먼의 의례는 샤먼 자신의 입무의례(入巫儀禮)와 유사하다. 이 의례에 수반된 육신 해체는 '시베리아 샤먼의 육신 해체'[9]로 범주화될 수 있는 입무 모티프 가운데 하나이다. 샤먼 후보자가 육신의 해체를 통한 의례적인 죽음 끝에 재생함으로써 샤먼의 자격을 얻듯이, 알단강 마을 촌장의 아내도 샤먼에 의해 의례적인 죽음과 재생 과정을 거쳐 질병이 치료된다. 샤먼의 의례를 통해 '달성해야 할 개선'이 달성되고 있는 셈이다.

　질병을 치료하기 위한 샤먼의 의례가 샤먼 자신의 입무의례와 유사한 절차를 보여주는 [자료 1]과 달리 다음과 같은 유카기르족 자료는 이와 다른 치병의례 절차를 보여준다.

[자료 5]

　샤먼은 북을 치면서 동물과 새 소리를 흉내 내어 그의 동물 보조령을 불러내었다. 그는 호흡을 길게 하면서 불러낸 정령과 조상령을 흡입했다. 이 때 조상령은 질병령에게서 환자의 영혼이 저승으로 가고 있다는 말

---

9) Erik Holtved, "Eskimo Shamanism", Carl-Martin Edsman ed., *Studies in Shamanism*, Stockholm, 1967, p.28.

을 듣고 샤먼에게 말해 주었다. 그 후 샤먼은 북을 내려놓고 순록가죽 위에 엎드려 누웠다. 이 행위는, 샤먼의 영혼이 그의 육신을 떠나 북을 타고 저승으로 가는 것을 뜻한다. 잠시 후 일어난 그는 자신의 영혼이 육신을 떠나 어떻게 되었는지에 관해 말했다. "내 영혼은 정령을 동반한 채 저승으로 가는 길을 따라갔어. 어떤 집에 도착했을 때 개가 나를 향해 짖었어. 한 노파가 집에서 나와 내게 물었어. '영원히 왔느냐 아니면 잠시 왔느냐?' 물음에 대답하지 않고 보호령과 함께 계속 앞으로 가서 강에 도착했어. 강을 건너 집이 있는 곳으로 갔는데, 그곳에 사람들이 살고 있었어. 그들 중에는 죽은 내 친척들의 영혼도 있었어. 그들은 지상에서처럼 생활하고 있었어. 집에 들어가 환자의 영혼을 찾았어. 환자의 영혼의 친척들은 환자의 영혼을 넘겨주지 않으려고 했지만, 보호령의 도움을 받아 힘으로 그것을 넘겨받았어. 환자의 영혼을 데려오기 위해 그것을 삼킨 후 그 영혼이 도망가지 못하도록 귀를 막았어." 샤먼의 영혼이 이승으로 돌아왔을 때 그의 육신은 그대로 땅에 엎드려 있었다. 순록 가죽 위에서 일어난 샤먼은 북을 치고 도약하면서 환자에게로 갔다. 그는 환자의 아픈 곳을 만진 후에 그에게서 도망쳤던 영혼을 되돌려 주었다. 그 후 그는 북을 치면서 보호령을 돌려보냈다.[10)]

[자료 6]

환자의 치료를 위해 샤먼을 초대하였다. 샤먼이 도착하기 전에 환자의 친척들은 환자의 집에서 그의 북을 따뜻하게 데웠다. 샤먼이 도착한 후에

10) В. И. Иохельсон, Материалы по Изучению Юкагирского Языка и Фольклора, Санкт-Петербург, 1900, pp.112-113.

그는 북을 치면서 그의 정령인 산토끼, 뻐꾸기, 황새, 올빼미, 물새, 늑대, 곰, 개의 소리를 지르기 시작했다. 샤먼은 북을 치는 것을 잠시 멈추고 집의 중앙으로 걸어가 노래한 다음 환자에게 들어간 사악한 정령에게 자신의 자리로 돌아갈 것을 주문했다. 그 후에 샤먼은 그의 정령을 깊게 들이마시고 땅에 앉았다. 샤먼의 보조자는 샤먼의 정령에게 제물을 바치면서 환자의 몸에서 사악한 정령을 퇴치해 주도록 간청했다. 샤먼은 그의 정령에게 바치는 향의 연기를 마신 다음 땅에서 일어났다. 샤먼은 환자에게 다가가 아픈 부위를 이빨로 물어 질병을 일으킨 사악한 정령을 꺼내려고 하였다. 샤먼은 그의 정령의 도움으로 환자의 몸에서 사악한 정령을 꺼내 삼킨 후에 쓰러졌다. 샤먼의 보조자와 환자의 친척들은 사악한 정령의 요구대로 그에게 제물을 바쳤다. 그 후 샤먼은 일어나 집 밖으로 머리를 내밀고 삼켰던 사악한 정령을 내뱉었다. 샤먼은 북을 치고 노래한 다음 환자에게 다가가 입김을 불면서 그의 아픈 부위를 문질렀다. 그런 후에 샤먼은 북을 치고 노래하면서 그의 정령을 돌려보냈다.[11]

[자료 5]에서 샤먼은 우선 보조령과 조상령을 현화(現化)(actualization)시켜 접촉한다. 그 후에 샤먼의 몸속으로 들어온 조상령이 질병령으로부터 얻은, 환자의 영혼의 상태에 대한 정보를 샤먼에게 전달한다. 그 정보에 따라 샤먼은 환자의 영혼을 되찾기 위해 저승으로 여행을 떠난다. 이 여행은 이른바 샤먼의 영혼여행soul journey이다. 환자의 영혼을 되찾아 온 샤먼은 그 영혼을 환자의 몸속에 되돌려 놓는다. 그리고 샤먼은 보조령과 조상령을 비현화(非現化)(deactualization)시킨다.

---

11) Ibid., pp.115-118.

[자료 6]에서도 샤먼은 우선 보조령을 현화시켜 접촉한다. 그 후에 샤먼은 자신의 몸속으로 들어온 보조령의 도움을 받아 환자의 몸속에 자리잡은 질병령을 축출한다. 그리고 샤먼은 보조령을 비현화시킨다.

[자료 5]에서는 저승으로 떠난 환자의 영혼을 되찾음으로써 환자의 질병을 치료하고, [자료 6]에서는 환자의 몸속에 자리잡은 질병령을 축출함으로써 환자의 질병을 치료한다.[12) 이 같은 질병의 원인에 대한 다른 인식에 따라 두 의례의 절차도 다음과 같은 차이를 보인다.

[의례 1]: ①보조령 현화 및 접촉→②샤먼의 영혼여행→③영혼 회복→④질병 치료→⑤보조령 비현화

[의례 2]: ①보조령 현화 및 접촉→②질병령 축출→③질병 치료→④보조령 비현화

[자료 2]의 '개선의 과정'에서 샤먼에 의해 취해진 수단은 <점복>이다. 샤먼은 주술적 징후의 의미를 알지 못하는 유카기르족에게 점복 행위를 통해 예언하고, 유카기르족은 그것을 통해 앞으로 일어날 일을 미리 알게 된다. 샤먼의 점복을 통해 '달성해야 할 개선'이 달성되고 있는 셈이다. [자료 3]의 '개선의 과정'에서 샤먼에 의해 취해진 수단은 <중재>이다. 샤먼은 사슴 사냥과 관련된 규범을 사냥꾼에게 알려줌으로써 사슴의 주인령과 사냥꾼 사이를 중재한다. 이 중재의 수락을 통해 사냥꾼은 사냥을 성공적으로 수행할 수 있었다. 샤먼의 중재를 통해 '달성해야 할 개선'이 달성되고 있는 셈이다. [자료 4]의 '개선의 과정'에서 샤먼에 의해 취해진 수단은 <보호>이다. 샤먼은 적의를 품은 다른 샤먼을 물리침으로써 그들로부

---

12) 두 의례는 질병의 원인에 대한 다른 인식을 보여준다. 이런 인식의 차이가 갖는 의미는 다음 장에서 다룬다.

터 아이를 보호한다. 이 결과 샤먼과 그의 가족은 안전한 삶을 누릴 수 있었다. 샤먼의 보호를 통해 '달성해야 할 개선'이 달성되고 있는 셈이다.

샤먼에 의해 수행되는 '개선의 과정'에 초점을 맞출 때, 각 신화는 다음과 같은 서사적 3분절로 이루어진다.

[자료 1]: 질병→샤먼 의례→치료

[자료 2]: 무지(無知)→샤먼 점복→예지(豫知)

[자료 3]: 실패→샤먼 중재→성공

[자료 4]: 죽음→샤먼 보호→생명

이상과 같은 서사구조로 미루어 볼 때 '가능성'의 '실현'에서 또는 '달성해야 할 개선'의 '개선의 과정'에서 핵심적인 역할을 하는 인물은 샤먼이다. 그의 행위를 통해서 '가능성'은 '달성된 목적'으로 전개되고, 그리고 '달성해야 할 개선'은 '달성된 개선'으로 전개되기 때문이다. 이 같은 샤먼의 행위를 염두에 둘 때 [자료 1], [자료 2], [자료 3], [자료 4]에서 샤먼은 각각 치료자(healer), 예언자(foreteller), 중재자(mediator), 보호자(defender)로서의 역할을 수행한다. 이 같은 샤먼의 역할에 따라 각 신화는 다른 양상을 보여준다.

3. 유카기르족 샤먼 전승에 나타난 세계관

샤먼 전승에는 우주구성과 영혼 그리고 질병에 대한 유카기르족의 세계관이 반영되어 있다. 전(前)샤머니즘적(preshamanistic)인 관점에서 우주는 하늘과 땅 두

세계로 구성된다. 이 같은 우주구성에 대한 관념은 트랜스바이칼 지역에서 발견된 암각화에도 나타난다.[13]

[그림 1]

위 그림에서 + 표지가 있는 위의 원은 하늘을 의미하고, 가로로 점선이 있는 아래의 원은 땅을 의미한다. 이 토대 위에서 하늘과 땅, 그리고 지하의 세계로 구성되는 샤머니즘적인 우주구성관이 형성되었다.[14] 이 같은 우주구성관은 시베리아 여러 민족에게서 일반적으로 나타나는 관념이기도 하다.[15]

유카기르족의 우주구성관은 샤머니즘적인 관념 위에 형성되었다. 그들의 믿음에 따르면 '위의 세계'는 신이나 선한 정령의 세계이고 '중간의 세계'는 살아있는 사람의 세계이며 '아래의 세계'는 죽은 사람의 세계이다.[16] '위의 세계'에는 '호일'(хойл)이라 불리는 신과 땅, 물, 불 등의 주인령, 또 동물, 새 등의 주인령이 거주한다. '중간의 세계'에는 살아있는 사람이 거주하고, '아래의 세계'에는 죽은 사람 또는 죽은 조상 그리고 사악한 정령이 거주한다.

'아래의 세계'는 지하세계, 즉 '아이비드이'(айбиды)이다. 이곳은 '샤먼의 강' 하류에 있거나 강 또는 바다 건너편에 있다.[17] '아래의 세계'는 두 개의 층으로 이루어지는데, 위층에는 죽은 사람 또는 죽은 조상의 영혼이 거주한다. 그들은 이곳

---

13) Л. Н. Жукова, Очерки по Юкагирской Культуре, Ч. III, Якутск, 2013, p.170.

14) Ibid., p.202.

15) Т. Ю. Сем, "Мир Шамана и Ритуальные Практики Народов Сибири", Т. Ю. Сем ed., Шаманизм Народов Сибири, Санкт-Петербург, 2006, p.7.

16) Л. Н. Жукова, Очерки по Юкагирской Культуре, Ч. II, Новосибирск, 2012, p183.

17) Ibid., p.191.

에서 '중간의 세계'에 있을 때와 유사한 생활을 한다. 그리고 아래층에는 사람에게 질병을 일으키는 사악한 정령 '쿠쿨레'(кукулэ)라 거주한다.[18]

앞 장에서 보인 샤먼 전승들에는 '위의 세계'에 대한 관념이 내포되어 있다. [자료 1]에서는 샤먼이 의례를 거행하면서 까마귀, 곰, 늑대의 소리를 흉내 내고, [자료 5]과 [자료 6]에서는 산토끼, 뻐꾸기, 황새, 올빼미, 물새, 늑대, 곰, 개의 소리를 흉내 낸다. 이 동물들은 모두 샤먼의 동물 보조령이다. 그리고 [자료 3]에도 사슴의 주인령이 등장한다. 샤먼의 보조령과 동물의 주인령은 모두 '위의 세계'에 거주하는 선한 정령들이다.

[자료 5]에는 '아래의 세계'에 대한 관념이 나타난다. '아래의 세계'는 '강 건너'에 있다. 이럴 경우 '근원의 땅'을 의미하는 '샤먼의 강' 상류는 '위의 세계'와 닿아 있고, 하류는 '아래의 세계'와 닿아 있다.[19] 그곳의 위층에는 조상령, 즉 죽은 조상의 영혼이 지상의 세계에서처럼 생활하고 있다. 그리고 아래층에는 사악한 정령인 질병령이 살고 있다. 이 정령은 가끔 지상의 세계로 올라와 사람에게 질병을 일으킨다.

사람은 세 개의 영혼, 즉 '아이비'aibi를 갖고 있다. 그 가운데 머리에 있는 영혼은 '머리-영혼'(head-soul)으로 불리고, 심장에 있는 영혼은 '심장-영혼'(heart-soul)으로 불리며, 육신에 있는 영혼은 '육신-영혼'(body-soul)으로 불린다.[20] 이 같은 영혼의 복합성은 시베리아 샤머니즘의 핵심적인 관념이다.[21] 시베리아 샤먼이 여

---

18) V. I, Jochelson, op. cit., p.152.

19) Г. М. Василевич, "Дошаманские и Шаманские Верования Эвенков", Советская Этнография, No. 5, Ленинград, 1971, p.57.

20) V. I, Jochelson, op. cit., pp.156-157.

21) Å. Hultkranz, "Shamanism and Soul Ideology", M. Hoppál ed., *Shamanism in Eurasia*, Göttingen, 1984, p.34.

러 목적을 달성하기 위해 타계로 떠나는 여행인 영혼여행은 영혼의 복합성이라는 관념 위에서만 가능하기 때문이다. 이런 영혼여행은 시베리아 샤먼의 가장 위대한 권능이기도 하다.

[자료 5]에서 샤먼은 환자의 영혼, 즉 '머리-영혼'을 되찾기 위해 저승으로 여행을 떠난다. 그곳에서 샤먼은 자신의 보호령의 도움을 받아 환자의 영혼을 되찾아 이승으로 되돌아온다. 이 결과는 곧 환자의 질병 치료로 이어진다. 질병 치료는 환자의 영혼을 되찾기 위한 샤먼의 영혼여행으로 인해 가능하다. 이 같은 샤먼의 영혼여행에는 영혼의 복합성 또는 이중성에 대한 유카기르족의 관념이 반영되어 있다.

세 개의 영혼 가운데 '머리-영혼'은, 사람이 아프거나 죽었을 때 저승으로 간다. 그것이 일시적으로 저승으로 가면 사람은 아프게 되고, 영원히 가면 사람은 죽게 된다. 다른 한편으로 사람의 몸속으로 들어간 사악한 질병령이 질병을 야기하기도 한다.[22] 따라서 질병 치료는 일시적으로 저승으로 떠난 환자의 영혼을 되찾아오거나 몸속으로 들어간 질병령을 몰아냄으로써 가능하다.

[자료 1]에서 질병의 원인은 분명하지 않다. 다만, 입무의례 가운데 한 유형인, 환자의 의례적 육신 해체에 따른 죽음과 재생이라는 절차를 통해 질병이 치료된다. 즉, 입무를 통해 원인을 알 수 없는 질병이 치료되는 셈이다. 이와 달리 [자료 5]과 [자료 6]에서는 질병의 원인과 치료에 대해 구체적으로 언급된다. [자료 5]에서는 질병이 영혼의 일시적 이탈에 의해 야기되고, [자료 6]에서는 몸속에 침입한 사악한 정령에 의해 야기된다. 이 같은 원인에 따라 질병도 [자료 5]에서는 일시적으로 몸을 이탈하여 저승으로 간 영혼을 되찾아옴으로써 치료되고, [자료 6]에서

---

22) V. I, Jochelson, op. cit., pp.156-158.

는 몸속에 침입한 사악한 정령을 몰아냄으로써 치료된다. 따라서 질병의 원인에 따른 유카기르족의 문화적 모델[23]은 전형적인 샤머니즘적인 모델에 해당한다. 영혼의 이탈이나 질병령의 침입에서 기인하는 질병은 일반적으로 공식적인 의료에 의해서는 치료될 수 없다. 그것은 특별한 샤머니즘적인 주술적 행위에 의해서만 치료될 수 있다. 그런 능력이 곧 샤먼의 권능이다. [자료 1]과 [자료 5], [자료 6]에서 각각 다르게 나타나는 질병의 원인은 존재론적 세계관의 차이를 반영하고, 또 각각 다르게 나타나는 질병의 치료는 인식론적 세계관의 차이를 반영한다.[24]

---

23) Matti Kamppinen은 페루 아마존강 유역 부족들에게 나타나는 질병의 문화적 모델을 질병의 원인에 따라 신에서 기인하는 것과 마법에서 기인하는 것 그리고 공포에서 기인하는 것 등으로 분류하였다. Matti Kamppinen, *Cognitive Systems and Cultural Models of Illness*, Helsinki, 1989, p.74.

24) Ibid., pp.141-142.

II. 유카기르족 민간전승의 혼인 모티프 양상과 관습

1. 유카기르족의 세계관과 민간전승

유카기르족 민간전승에는 그들의 전통적인 세계관이 반영되어 있다. 이럴 경우 그들의 세계관은 자연과 사람의 연관성 속에서 토테미즘과 애니미즘 그리고 샤머니즘에 그 바탕을 두고 있다. 이런 점은 다른 시베리아 민족들에게서도 공통적으로 나타난다.

유카기르족은 그들의 민간전승에서 곰과의 친족관계에 대해 말한다. 그들은 곰을 언급할 때 '할아버지'(grandfather), '노인'(old man) 혹은 '그'(he)라는 명칭을 사용한다.[1] 또는 '땅의 주인'(owner of the earth), '위대한 사람'(great man)이라는 명칭을 사용하기도 한다.[2] 이 명칭들은 유카기르족과 곰의 특별한 관계에 대해 말해 준다.

이 같은 유카기르족과 곰의 친족의식 때문에 곰을 사냥한 후 곰 의례를 거행할 때 곰 머리뼈를 버드나무 가지로 묶어 보관하거나 코와 발톱을 잘라내어 수렵과 어로의 성공을 비는 호부(護符)(amulet)로 삼기도 한다.[3]

유카기르족은 자연물의 여러 영역을 지배하는 정령(spirit), 즉 '주인'(owner)이 있다고 믿는다. '땅의 주인', '물의 주인', '바다의 주인' 등이 그것이다. 이 이외에

---

1) B. G. Bogoras, *The Jesup North Pacific Expedition, Vol. VII, Part III -The Chukchee*, New York, 1904, p.325.
2) В. И. Иохельсон, Материалы по Изучению Юкагирского Языка и Фольклора, Санкт-Пе тербург, 1900, p.122.
3) Ibid., p.122.

가족을 보호하는 '불의 주인' 그리고 집을 보호하는 '집의 주인' 등도 있다.[4] 이 같은 정령에 대한 유카기르족의 믿음은 애니미즘적인 세계관에 바탕을 두고 있다.

유카기르족 샤머니즘은 다른 시베리아 민족의 그것과 본질적으로 다르지 않다. 이 민족들의 샤머니즘에서 샤먼은 특별한 보조령의 도움을 받아 병자를 치료하고 미래를 예언하며 그들의 적을 해치기도 한다. 이런 기능을 수행하는 샤먼은 고대 유카기르족 사회에서 특별한 위치를 차지하고 있었다. 현재는 유카기르족 사회에서 샤머니즘의 영향력이 상당히 약화되었다. 그러나 샤머니즘은 아직도 유카기르족의 세계관에서 주요한 자리를 차지할 뿐만 아니라 그들의 민간전승에도 반영되어 있다.[5]

20세기 초에 비로소 수집되기 시작한 유카기르족의 민간전승에서는 이미 그들의 전통적인 세계관이 현저하게 약화되어 있다. 그 결과 현재 수집된 유카기르족의 민간전승에서 원시적 사고가 거의 보이지 않는다. 특히, 신화의 세속화가 두드러지게 나타난다.

[자료 1]

옛날에 신이 홍수를 일으켰다. 콜리마(kolyma)강 주변 지역뿐만 아니라 높은 산까지 물에 잠겼다. 사람과 동물이 사라졌다. 이때 '노아'(Noah)라는 사람이 큰 뗏목을 만들어 그의 가족과 각종 동물 한 쌍을 실었다. 다만, 맘모스라는 동물은 거대한 크기와 무게 때문에 실을 수가 없었다. 맘모스가 뗏목에 오르려고 할 때, '노아'는 그 위험한 동물을 밀

---

4) V. I, Jochelson, *The Jesup North Pacific Expedition, Vol. IX, Part II, The Yukaghir and the Yukaghirized Tungus*, New York, 1910, pp.144-145.
5) Ibid., p.162.

어버렸다.[6)]

[자료 1]은 성경의 대홍수 이야기와 유사하다. 그러나 성경의 대홍수 이야기는 지역적인 조건에 따라 변화를 보인다. 성경의 대홍수 이야기는 인간의 멸망과 그 증식이 어떻게 일어났는지에 대해 설명하지만, 유카기르족의 이야기는 맘모스라는 동물이 어떻게 소멸되었는지에 대해 설명한다. 이것은 유카기르족 신화가 점점 동물담으로 세속화되어 간 흔적을 보여준다.

유카기르족 민간전승에서 신화의 세속화는 까마귀 전승에서도 확인된다. 까마귀에 대한 유카기르족 고어는 'xa′ramen'(툰드라 유카기르족), 'ĉomo-paranā'(타이가 유카기르족)인데, 그 의미는 '위대한 까마귀'(Great crow)이다. 또한 까마귀를 'ĉo′mmodi'라고도 하는데, 그 의미는 '위대한 새'(Great bird)이다. 이런 명칭으로 미루어 볼 때 까마귀는 '신화적인 인물'로 간주되고 있다.[7)]

[자료 2]

까마귀와 뇌조가 아내를 구하기 위해 집을 떠났다. 그들은 '해'에게로 갔다. 뇌조는 해의 집에 아름다운 여인이 앉아 있는 것을 보았다. '해'는, 까마귀가 마당에서 개 배설물을 집어 먹는 것을 보고 그에게 딸을 줄 수 없다고 말하면서 문을 닫아 버렸다. 뇌조는 까마귀에게 개 배설물을 집어 먹는 것을 그만두라고 말했지만, 까마귀는 그것을 계속 집어먹었다. 그들은 아내를 구하기 위해 다시 '달'에게로 갔다. '달'의 집에도 아름다운 여인이 있었지만, 까마귀가 마당에서 개 배설물을 집어먹는 것을 보고 '달'

---

6) Ibid., p.298.

7) Ibid., p.299.

은 문을 닫아 버렸다. 그들은 아내를 구하기 위해 여러 곳으로 가보았지만, 까마귀가 배설물을 먹는 습관을 버리지 못해 그들의 구혼은 거절되었다. 그들은 마지막으로 '가파른 강둑'에게로 갔다. 까마귀가 개 배설물을 집어먹는 버릇을 고치자 '가파른 강둑'은 딸을 까마귀에게 주었다. 이때부터 까마귀는 가파른 강둑에서 살았다. 뇌조는 가파른 강둑을 내려가 '버드나무'에게로 갔다. 뇌조도 혼인하여 버드나무 숲에서 살았다.[8]

[자료 3]

어떤 부부의 딸이 열매를 따러 숲으로 갔다가 '까마귀-사람'(raven-man)에게 납치되었다. 그 후에 태어난 남동생이 누이를 찾기 위해 집을 떠났다. 그러나 '까마귀-사람'은 그를 잡아 먹었다. 누이는 동생의 뼈를 수거해 주머니에 넣어 나무에 걸어 두었다. 또 태어난 남동생이 '까마귀-사람'에게 복수하기 위해 집을 떠났지만 다시 '까마귀-사람'에 의해 잡아 먹혔다. 누이는 동생의 뼈를 수거해 주머니에 넣어 나무에 걸어 두었다. 또 다시 태어난 남동생이 '까마귀-사람'에게 복수하기 위해 집을 떠났다. 그는 '까마귀-사람'을 죽이고 복수에 성공했다. 그리고 생명수를 얻어 죽은 형을 소생시킨 다음 '까마귀-사람'의 재산을 가지고 모두 집으로 돌아왔다.[9]

[자료 4]

---

8) Ibid., p.289.

9) W. Bogoras, *Tales of Yukaghir, Lamut, and Russianized Natives of Eastern Siberia*, DODO Press, 2010, p.51-54.

까마귀는 아무런 노력 없이 순록의 배설물 같이 자신이 좋아하는 음식을 구하려고 하고, 또 토끼로부터 음식을 훔칠 수 있다고 자랑하였다. 이때 자고새는 그런 까마귀를 비난했다. 그러자 까마귀는 자고새 집으로 가그의 새끼를 죽이고 그의 옷을 훔쳐 숨었다. 그 후 자고새는 까마귀를 찾아내어 강하게 쪼았다. 이때부터 검은 색이 있게 되었다.[10]

후대의 민간전승에서 까마귀는 [자료 2]에서처럼 자신의 배설물을 게걸스럽게 먹는 하찮은 인물로 등장하거나 아니면 [자료 3]에서처럼 식인종 또는 사악한 정령으로 등장한다. 그리고 [자료 4]에서처럼 약탈자로 묘사되기도 한다. 이런 점은 유카기르족 신화가 점차 세속화되어 민담으로 변모되었음을 보여준다.

2. 유카기르족 민간전승의 혼인 모티프 양상

유카기르족 민간전승의 다양한 모티프 가운데 가장 두드러진 위치를 차지하는 모티프는 혼인 모티프이다. 이 모티프에는 과거와 현재 유카기르족의 관습이 반영되어 있다.

유카기르족 민간전승의 혼인 모티프는 혼인 주체의 양상에 따라 사람과 사람의 혼인 모티프 그리고 사람과 동물의 혼인 모티프로 구분된다.

(1) 사람과 사람의 혼인 모티프[단일 혼인 모티프]

---

10) Е. М. Мелетинский, "Вороньи Мотивы в Фольклоре Эвенков, Юкагиров, Эскимосов, Алеутов", Пале оазиатский Мифологический Эпос, Москва, 1979, p.96.

[자료 5]

옛날에 부모가 죽고 오빠와 여동생만 남았다. 식량이 다 떨어졌지만 오빠는 침대에 누워 여동생만 바라보았다. 여동생이 일어나라고 말했지만, 오빠는 여동생에게 침대에서 함께 잘 것을 요구했다. 그러나 여동생은 그렇게 하는 것은 죄라고 말하면서 거절했다. 오빠는 아무것도 먹지 않고 함께 죽자고 여동생에게 말했다. 여동생은 하는 수 없이 오빠의 요구를 받아 들였다. 이때 여동생은 이상한 소리를 듣고 밖으로 나가 보았다. 여동생은, <신비한 노인>(Mythical Old Man)이 자신들을 죽이러 온 것을 보고 집 안으로 들어가 오빠에게 알렸다. 오빠는 이 말을 들은 후에 침대에서 일어나 활과 화살을 가지고 밖으로 나가서 <신비한 노인>과 싸웠다. 결국 오빠는 <신비한 노인>을 죽인 다음 그 시신을 움막 속에 두고 집으로 들어갔다. 그 후 오빠와 여동생은 함께 잠자리에 들었다. 다음날 아침 여동생은 이상한 소리를 듣고 밖으로 나가서 많은 산토끼들이 뛰어다니는 것을 보았다. 그리고 움막에 앉아 있던 젊은이도 보았는데, 그는 오빠가 죽였던 <신비한 노인>의 분신이었다. 젊은이는, 여동생이 오빠와 혼인을 했기 때문에 '땅의 주인'(owner of earth)이 순록 대신 산토끼를 그들에게 보냈다고 말했다.[11]

[자료 6]

두 명의 아내를 둔 사냥꾼이 많은 순록을 잡아 돌아왔을 때 집에 아내

---

11) V. I, Jochelson, op. cit., pp.243-244.

들이 없었다. 그는 아내들이 납치되었다고 생각하고 그들을 찾아 나섰다. 그는 움막이 많이 있는 곳에 도착하여 사람들이 자신을 알아보지 못하도록 변장을 했다. 그가 어떤 움막에 도착했을 때, 한 노인이 나와 그를 움막 안으로 데리고 들어가 사위로 삼으려고 했다. 이때 딸이, 그는 오빠가 납치하여 아내로 삼은 여자들의 남편이라고 말하면서 거절했지만 노인은 그를 사위로 삼으려고 했다. 다음날 오빠가 돌아올 때 그에 의해 납치된 한 여자는 원래 남편을 알아보지 못했지만, 다른 여자는 원래 남편을 알아보고 비명을 질렀다. 그들이 움막에 도착했을 때, 사냥꾼은 노인의 아들과 다른 움막에서 나온 사람들을 모두 죽여 버렸다. 그리고 노인의 딸도 머리를 쳤지만 죽지 않고 살아남았다. 그녀는 사냥꾼에게 떠나라고 말했지만 그의 엉덩이와 다리 그리고 팔이 땅에 달라붙어 떠날 수가 없었다. 그녀는 그에게 죽일 수 있다고 말했다. 사냥꾼이 그녀와 혼인하겠다고 말하자 땅에 달라붙은 그의 몸이 자유롭게 되었다. 사냥꾼은 그녀와 혼인하여 세 명의 아내를 두게 되었다.[12]

[자료 5]와 [자료 6]은 혼인 주체의 양상에 따라 사람과 사람이 혼인하는 단일 혼인 모티프로 구성되어 있다. [자료 5]에서는 오빠와 여동생이 혼인을 하고, [자료 6]에서는 사냥꾼과 노인의 딸이 혼인을 한다. 이럴 경우 [자료 5]에 나타난 혼인은 족내혼 가운데 남매혼의 혼인 형태를 보이고, [자료 6]에 나타난 혼인은 약탈혼 (capture marriage)과 일부다처제(polygamy)의 혼인 형태를 보인다.

---

12) Ibid., pp.278-279.

(2) 사람과 동물의 혼인 모티프[단일 혼인 모티프]

[자료 7]

혼인을 한 두 명의 언니와 함께 미혼의 동생이 살고 있었다. 이전에 젊고 아름다운 동생이 침실에 앉아 있을 때, 침대 아래서 곰의 주둥이가 나타났다. 그녀는 매우 놀랐지만 소리칠 수가 없었다. 곰은 발로 그녀의 입을 덮고 자신의 굴로 데려갔다. 그들은 굴에서 함께 동면했는데, 그녀는 가끔 배가 고팠다. 그때마다 곰의 발을 빨면서 굶주림을 이겼다. 어느 날 그녀는 잠을 자고 있는데 자신을 누르는 무게를 느끼고 깨어났다. 그녀는 저항할 수가 없어서 결국 곰의 아내가 되었다. 그들은, 곰이 잡아온 고기를 먹고 살았다. 어느 날 그녀가 열매를 따러갔다가 형부를 만나고 집으로 돌아오자 곰이 화를 냈다. 다음날 그녀는 또 열매를 따기 위해 숲으로 갔다가 형부의 집으로 도망갔다. 형부는 큰 곰으로 변신하여 처제와 동거했던 곰과 싸워 그 곰을 죽였다. 언니 집으로 돌아온 그녀는 곰의 귀를 가진 아이를 낳았다. 그는 훌륭한 사냥꾼으로 성장했다.[13]

[자료 8]

부모가 죽자 어린 소녀는 식량을 구하기 위해 집을 떠났다. 그녀는 겨울이 닥치자 굴로 들어갔다. 그녀가 거기에 누워 있을 때 곰이 들어왔다. 그들은 함께 살았다. 그녀는 배가 고플 때 곰의 발을 빨면서 살았다. 여름이 되었을 때 그녀는 임신을 했다. 곰은 그녀를 그녀의 이모 집으로 데려

---

13) W. Bogoras, op. cit., pp.58-60.

다 주었다. 그녀는 이모, 이모부와 함께 생활했다. 얼마 후 그녀는 남자아이를 낳았다. 남자아이가 자라 청년이 되었을 때 그는 이모부 대신 사냥을 했다. 그는 혼인을 하여 남자아이 한 명과 여자아이 두 명을 낳았다. 그들은 별개의 부족이 되었는데, '거위 부족'이라 불렸다.[14]

[자료 7]과 [자료 8]은 혼인 주체의 양상에 따라 사람과 동물이 혼인하는 단일 혼인 모티프로 구성되어 있다. [자료 7]에서는 여성과 수곰이 혼인 또는 동거를 하고, [자료 8]에서도 여성과 수곰이 혼인 또는 동거를 한다. 이럴 경우 [자료 7]에 나타난 혼인은 약탈혼과 단혼제(單婚制)(monogamy)의 혼인 형태를 보이고, [자료 8]에 나타난 혼인은 단혼제의 혼인 형태를 보인다.

(3) 사람과 동물의 혼인 모티프와 사람과 사람의 혼인 모티프[복합 혼인 모티프]

[자료 9]

옛날에 남편이 사냥을 떠나고 그 아내만 집에 머물렀다. 그때 뜰의 나무 위에 앉은 매가 자신의 아내가 되어달라고 노래했다. 그녀가 거절하자 매는 멀리 날아가 버렸다. 사냥에서 돌아온 남편은 다음날 아침 다시 사냥을 떠났고, 아내는 그들의 천막을 옮길 준비를 했다. 그때 매가 다시 날아와 자신의 아내가 되어줄 것을 그녀에게 간청했다. 그녀는 매를 따라 갔다. 사냥에서 집으로 돌아온 남편은 아내가 없어진 사실을 알고 그녀를 찾아 떠났다. 그는 멀리 가다가 어떤 집을 발견했다. 그 집 주인은 사냥꾼

---

14) Г. Н. Курилова ed., Фольклор Юкагиров, Новосибирск, 2005, pp.397-403.

의 아내를 데려가던 매를 죽이고 그녀를 자신의 집에 머물게 했다. 그녀는 남편에게 매가 자신을 납치했다고 말했지만 남편은 그 말을 믿지 않았다. 사냥꾼은 집 주인과 싸워 그를 죽였다. 사냥꾼은 집 안으로 들어가 아내를 죽이고 그곳을 떠났다. 그는 돌아오다가 <철인>(Iron-Man)을 만나 죽이고, 그에게 붙잡혀있던 여자들을 고향으로 돌려보냈다. 그들 가운데 한 여자의 남편이 사냥꾼을 오해하여 죽이려고 하였다. 그러나 그는 오히려 사냥꾼에게 죽임을 당할 처지에 놓였다. 그러자 그는 자신의 누이 동생을 사냥꾼에게 주면서 목숨을 구걸하였다. 사냥꾼은 그를 살려주고 그의 누이동생을 집으로 데리고 와서 살았다.[15]

[자료 9]는 혼인 주체의 양상에 따라 사람과 동물이 혼인하는 모티프와 사람과 사람이 혼인하는 모티프가 결합된 복합 혼인 모티프로 구성되어 있다. [자료 9]에서 우선 여성과 매, 이후에 그 여성과 집주인이 혼인 또는 동거를 한다. 그 다음에 사냥꾼은 본래 아내가 아닌 다른 여성과 혼인 또는 동거를 한다. 이럴 경우 [자료 9]에 나타난 혼인은 일처다부제(polyandry)와 단혼제의 혼인 형태를 보인다.

3. 유카기르족 민간전승의 혼인 모티프와 관습

유카기르족 민간전승에 포함된 혼인 모티프는 과거에 준수되었거나 현재 준수되고 있는 그들의 관습과 밀접한 관계를 맺고 있다. 우선, [자료 5], [자료 6], [자료

---

15) V. I, Jochelson, op. cit., pp.258-259.

기, [자료 8], [자료 9]에는 혼인과 관련된 유카기르족의 관습이 반영되어 있다.

앞에서도 언급한 것처럼 사람과 사람의 혼인 모티프를 포함하는 [자료 5]에서는 남매혼의 혼인 형태가 나타나고, [자료 6]에서는 약탈혼과 일부다처제의 혼인 형태가 나타난다. [자료 5]에서 '땅의 주인'은 순록 대신에 토끼를 오빠와 누이동생에게 보낸다. 이것은 당시 혼인 규범의 위반에 대한 처벌이다. 유카기르족은 족내혼 가운데 사촌 사이의 혼인으로 태어난 아이는 죽거나 또는 그 부모는 죽음에 이를 질병을 앓는다고 생각한다.[16] '땅의 주인'이 순록 대신 토끼를 보내는 것은 그들의 생존을 위협하는 위기 상황이다. 토끼는 식량 부족을 초래할 수도 있기 때문이다. 따라서 족내혼(endogamy)의 일종인 남매혼은 당시에 허용되지 않던 혼인 관습인 셈이다. 근친상간의 금지는 족외혼(exogamy) 규범에 대한 역사적 근거이다.[17]

[자료 6]에서 한 남자가 사냥꾼의 아내를 납치하여 자신의 아내로 삼는다. 이것은 일종의 약탈혼이다. 그 결과 사냥꾼은 자신의 아내를 납치한 사람을 살해한다. 이것은 약탈혼을 금지하는 당시의 혼인 규범의 위반에 대한 처벌이다. 이와 함께 사냥꾼의 아내가 세 명이라는 점에서 당시에 잔존하고 있던 일부다처제의 혼인 관습도 엿볼 수 있다.

사람과 동물의 혼인 모티프를 포함하는 [자료 7]에서는 약탈혼과 단혼제의 혼인 형태가 나타나고, [자료 8]에서도 단혼제의 혼인 형태가 나타난다. [자료 7]에서 곰은 여성을 납치하여 동거 또는 혼인을 한다. 이것은 약탈혼이다. 그 결과 여성을 납치한 곰은 결국 살해된다. 이것은 당시에 약탈혼이 허용되지 않았다는 것을 말해준다.

[자료 8]에서도 [자료 7]이나 [자료 9]에서처럼 단혼제의 혼인 형태가 나타난

---

16) V. I, Jochelson, op. cit., p.80.

17) E. Meletinsky, "Marriage: Its Function and Position in the Structure of Folktales", P. Maranda ed., *Soviet Structural Folkloristics*, Mouton, 1974, p62.

다. 그러나 [자료 8], [자료 9]에서와 달리 [자료 7]에서는 단혼제의 혼인 규범을 준수한 어느 한 쪽이 처벌을 받는다. [자료 7]에서 여성과 혼인한 곰은 결국 살해된다. 이러한 차이는, 동거나 혼인이 자발적인가 아니면 비자발적인가에서 파생된다. [자료 8]과 [자료 9]에서는 동거나 혼인이 자발적으로 이루어지지만 [자료 7]에서는 비자발적으로, 즉 약탈에 의해서 이루어지기 때문이다. 이 결과는 약탈혼에 대한 처벌로 이어진다.

특히, [자료 8]에 나타난 사람과 동물의 동거 또는 혼인 모티프에서 동물은 '최초의 조상'으로 인식된다. 여성과 동거 또는 혼인한 곰은 이후에 '거위 부족'의 조상이 되기 때문이다. 이 같은 토템동물과의 동거 혹은 혼인은 근친상간이 금기시되면서 족내혼을 의식적으로 회피하려는 심리가 반영된 혼인 형태이다.[18] 토템동물과의 동거 또는 혼인은 족내혼에서 족외혼으로의 변화과정을 보여주는 셈이다.

그리고 여성과 곰의 동거 혹은 혼인에서 곰은 '아버지-동물'의 모습을 지니고 있다. 이런 점에서 곰은 '최초의 조상'이라는 토템동물로 숭배된다. 토템동물이 부성(父性)을 지니는 것은 부계사회의 산물이다.[19] 이것은, 토템동물이 '어머니-동물'으로서의 모성(母性)을 지니는 모계사회의 흔적과 대비된다.

[자료 9]에서 사냥꾼의 아내는 사냥꾼인 남편을 두고 매의 아내가 되어 그를 따라간다. 이것은 일종의 일처다부제이다. 그 결과 사냥꾼의 아내를 유혹한 매와 두 명의 남편을 둔 사냥꾼의 아내, 그리고 사냥꾼의 아내를 유혹했던 매를 죽이고 그녀를 자신의 집에 머물게 했던 는 사람은 결국 살해된다. 이것은 당시에 허용되지 않던 일처다부제에 대한 처벌이다. 실제로 유카기르족 혼인 관습에서 현재 일부다

---

18) С. В. Березницкий, История и Культура Нанайцев, Санкт-Петербург, 2003, pp.161-162.

19) А. Ф. Анисимов, Религия Эвенков в Историко-Генетическом Изучении и Проблемы Первобытных Верований, Москва-Ленинград, 1958, pp.80-81.

처제는 허용되지 않지만 과거에 그러한 관습이 있었다.[20] 그리고 사냥꾼은, 자신이 살려준 사람의 누이동생을 집으로 데려와 혼인을 한다. 당시의 혼인 규범은 일부일처제, 즉 단혼제인 셈이다.

유카기르족 민간전승에는 다양한 형태의 혼인 관습이 나타난다. 이와 아울러 그러한 민간전승에 그들의 혼인 관습의 변화 과정도 반영되어 있다. 먼 과거에는 동일토템 내부에서 배우자를 선택하는 족내혼이 이루어졌다. 특히, 시베리아 여러 민족의 혼인 관습에 남매혼과 같은 근친상간이 존재했거나 그들의 신화에 '최초의 조상'의 근친상간에 대한 관념이 존재했다.[21] 그러나 혼인 형태가 점차 족외혼으로 바뀌면서 남매혼은 혼인 규범의 위반으로 인식되었다. [자료 5]에서 남매간에 혼인을 한 오빠와 여동생에 대한 민간전승적 처벌은 그러한 인식을 드러내는 것이다.

모계사회에서 부계사회로 넘어가는 과도적인 단계에서 약탈혼(掠奪婚)이 나타난다. [자료 6]과 [자료 7]에서 보이는 혼인 형태가 약탈혼이다. 그러나 [자료 6]과 [자료 7]에서 배우자를 약탈한 사람은 결국 살해된다. 이것은 부계사회로 진입하면서 약탈혼의 관습이 금지된 것에 대한 민간전승적 반영의 결과이다.

그리고 부계사회로 넘어오면서 일부다처제와 일부일처제, 즉 단혼제의 규범이 확립된다. [자료 6]과 [자료 9]에서 그러한 규범이 준수되고 있음을 확인할 수 있다. 다만, [자료 7]에서 단혼임에도 불구하고 혼인의 주체 가운데 남성은 살해된다. 이것은, 그가 당시의 금기인 약탈혼을 했기 때문이다. 이와 아울러 [자료 9]에서 여러 명의 남편을 거느린 여성은 살해된다. 이것은 부계사회에서 일처다부제가 금지된 혼인 관습임을 보여준다.

---

20) V. I, Jochelson, op. cit., p.110.
21) С. В. Березницкий, op. cit., p.160.

제 7 장

시베리아 고아시아족과 신화

고아시아족의 우주구성에 대한 관념에 의하면 세계는 보통 '위의 세계'(верхни й мир)와 '중간의 세계(средний мир)', 그리고 '아래의 세계'(нижний мир)로 구분된다. 축치족은 '위의 세계'와 '아래의 세계'를 다시 5개, 7개 혹은 9개의 층으로 나누기도 한다. 동시에 다수의 세계에 대한 관념도 보인다. 생명체는 한 세계에서 다른 세계로 이동할 때 죽는다. '위의 세계'(《구름의 땅》облачная змля)에는 '위의 민족'(верхний народ)이 산다. '조물주', '새벽', '천정(天頂)', '정오', '북극성'은 '위의 존재'(верхний существо)와 관련된다. 별과 성좌(星座)는 자주 사람으로 묘사된다. 예를 들면, 대각성(大角星)은 별의 우두머리, 독수리자리 가운데 견우성은 이전에 한 종족의 선조, 오리온자리는 곱추의 궁수, 사자자리는 그의 아내, 해는 흰 사슴을 타고 가는 부유한 사람, 달은 사악한 정령의 해로 묘사된다.

코략족과 이텔멘족 신화에서 가끔 창조자의 아이로 간주되는 '구름의 사람'(об лачный человек)은 큰 역할을 한다. 그리고 그들은 지상에 사는 사람을 '아래의 거주자'(нижний житель)로 부른다. 축치족의 관념에 의하면 하늘의 어떤 곳에 일정한 범주의 죽은 사람이 산다. 코략족에 의하면 영혼 가운데 하나는 죽은 후에 하늘의 최고의 존재에게로 올라가고, '그림자'тень로 불리는 다른 영혼은 화장(火葬)용 모닥불을 통해 '아래의 세계'로 내려간다. 축치족의 관념에 의하면 지평선 끝의 절벽 사이에 통로가 있는데, 때로는 열려서 바람이 불고 철새가 통과하며 때로는 닫힌다. 움직이지 않는 북극성은 모든 세계로 가는 통로로 간주된다.

주거가 세계의 독특한 신화적 모형으로 나타난다. 코략족의 움집 가운데 서있는 기둥-사다리는 '위의 세계'와 '아래의 세계'의 관련성을 상징한다. 이것은 '세계수'(мировое дерево)에 대한 관념을 반영한다.

소극적인 '최고의 천상의 존재', 트릭스터의 특성을 지닌 적극적인 '문화영웅'(культурный герой)[까마귀], 어떤 '천상의 존재', 온갖 종류의 '주인령'(дух-хозяин), 여러 가지 모습의 사악한 정령(дух)과 그에 저항하는 샤먼의 정령, 호부(護符)(амулет)로 형상화된 사람들은 동북시베리아 고아시아족의 신들 가운데 기본적인 요소들이다. 이들의 대다수는 동물형상과 인간형상의 이중적인 성격을 갖는다.

최고의 천상의 존재는 다른 북시베리아 민족보다 일정한 특징을 갖지 않는다. 그들의 기본적인 의미와 기능은 다음과 같다. ≪존재≫, ≪힘≫ - 코략족의 '바그이느인'(вагыйнын), 축치족의 '바그이르그인'(вагыргын) -, ≪우주≫ - 코략족의 '나이느이넨'(найнынен), 축치족의 '나르그이넨'(наргынэн) -는 우주나 우주 질서를 만든 최고의 존재를 의미한다. ≪위에 있는 어떤 존재≫, ≪위의 존재≫는 하늘의 공간을 의미한다. ≪감독자≫, ≪감시자≫는 멀리서 사람을 감시하고 보호하는 존재 또는 직접적으로 사람의 삶에 개입하는 존재를 의미한다. ≪창조자≫는 축치족 신화에서 '테난톰그인'(тенантомгын)으로 불리고, 코략족의 주문(呪文)에서 까마귀를 가리킨다. 까마귀는 동북시베리아 고아시아족의 신화에서 창조의 일을 수행한다. 《주인령》 - 코략족의 '에트인'(этын) -은 아마 '장소의 주인'보다 우월한 《최고의 주인》(верховный хозяин)을 의미한다. 《번개를 치는 사람》 - 코략족의 '키기그일르인'(кигигыльын) -은 날씨와 관련성을 갖는다. С. П. Крашенинков에 의하면, 이텔멘족의 《동물의 주인》인 '삘랴추츠'(пилячуч)도 번개와 관련된다.

코략족의 신앙에 의하면, '하늘의 주인'(небесный хозяин)의 기능 가운데 하나는 죽은 친척의 영혼을 모태(母胎)로 돌려보내는 것이다. 축치족의 믿음에 의하면, 천신(天神)은 '사슴의 존재'를 뜻하는 '코라바그이르그인'(коравагыргын)과 동일시된다. 이들은 동물의 무리를 감독하고, 어떤 호부의 관념과 연결된다. 다른 시베리아 민족들처럼 코략족의 믿음에 의하면, 천신은 사슴사육 축제의 문맥 속에서 숭배의 대상이 된다. 이텔멘족의 '삘랴추츠'(야생사슴의 보호자)와의 관계로 미루어 볼 때 사슴사육의 보호는 사슴사냥과 대립적인 관념을 형성헌다. 천신은 역시 해의 《방위》(새벽, 정오, 천정) 또는 직접적으로 해와 관념이 연결된다. 따라서 '최고의 존재'는 위의(하늘의) 해나 번개와 동일시되고, '위의 세계'나 자연 그리고 우주질서를 형성하며, 사람의 영혼의 순환과 사슴의 증가를 촉진시킨다.

축치족의 관념에 의하면 22개의 《방위》는 '하늘의(위의) 존재'와 관련된다. 예를 들면 천정(天頂)(정점, 중간의 존재), 정오, 해(정오와 거의 동일시), 천저(天底)(암흑, 한밤중과 동일시), 북극성 등이다. 특별한 《종족》으로 간주되는 버섯 역시 '하늘의 존재'에 포함된다. 마취성 있는 의례적 음식의 원천인 버섯은 모든 고아시아족 신화에서 중요한 역할을 한다. 예를 들면, 이텔멘족 신화에서 사냥꾼을 유혹하고 유괴하는 '버섯 처녀'에 대해 언급된다. 또 버섯 모양의 모자를 쓴 사람 모습의 형상이 추코트반도 '뻬그트이멜'(пегтымель)강 유역 바위에 그려져 있다.

'주인령' - 코략족의 '에트인', 축치족의 '에트인'과 '아브인랄르인'(авынральы
н) -은 특히 이텔멘족의 경우 신(бог) 및 샤먼의 정령과 구분하기 어렵다. 이텔멘족
의 경우 '우틀레이곤'(утлейгон)은 창조자 그리고 '바다의 주인'이다. 그러나 훨씬
일반적인 '바다의 신'은 강으로 물고기를 보내는 '미트그'(митг)이다. 이텔멘족의
경우 구름에서 살면서 번개를 치는 어린 사람인 '뻴랴추츠' - 또는 '빌류카이'(бил
юкай) -는 지상에 사는 동물의 '주인'хозяин이다. 그는 담비 가죽을 입고, '구름의
정령' - '카물리'(камули), '카무다'(камуда) -과 관련된 새(주된 모습은 자고새)를
타고 간다. 코략족이나 축치족의 '뻬수부스인'(писвусьын)은 동물, 특히 야생 사
슴의 '주인'이다. 그는, 키가 작고 매나 쥐를 타고 돌아다니며 매 혹은 쥐와 동일시
되고, 냄새로 영양을 섭취한다. 바닷가에 사는 축치족은, 그의 힘이 바다 동물에게
도 미친다고 생각한다. 일반적으로 축치족은 '케레트쿤'(кереткун)을 바다 동물의
'주인'으로 간주한다. '케레트쿤'과 그의 아내는, 얼굴이 검고 특별한 머리끈을 가
지고 있으며, 바다 동물의 창자로 만든 옷을 입고 익사자의 시신을 먹으며, 사람을
돕기 위해 사악한 정령과 싸운다. 축치족의 가을 축제는 '케레트쿤'에게 바쳐진다.
이에 비해 코략족의 '바다의 주인'에 대한 관념은 불분명하다. 코략족의 관념에 의
하면 '바다의 주인'은 가끔 게나 바다 동물의 모습을 갖기도 하고, '날씨의 주인'과
관련되기도 한다.

동북시베리아 고아시아족의 경우 자연의 사물과 그것의 《정령》이 결합되는 통
합주의적인 사고가 특징적이다. 예를 들면, 땅 끝에서 삽으로 눈을 퍼부으며 찬바
람을 일으키는 거인, 혹은 집에서 눈을 털어버리는 '바람의 주인'인 노파, 날개의
소음으로 천둥을 일으키는 천둥새, 외눈의 사람 모습을 한 번개 등이 그것이다.

축치족의 신관(神觀)에서 '땅의 주인령'과 신성시되는 동물(예를 들면, 여름에 늑

대로 변신하는 제비, 여덟 개의 다리를 가진 백곰 '코차트코'(кочатко), 기괴한 담비, 상반신은 사람 하반신은 물고기 모습의 해신(海神) 등등) 사이에서 중간 위치를 차지하는 일연의 존재가 있다. 본래 질병과 죽음을 일으키는 사악한 정령 - 코랴족의 경우 '칼라'(кала), '닌비트'(нинвит) 가끔 '카막'(камак), 축치족의 경우 '켈레'(кэле), 가끔 '테인그이츠이트'(тейнгычыт), 이텔멘족의 경우 '카나'(кана) -은 땅 아래에 또는 서쪽 황량한 곳에 산다. 그들은 왼쪽 방향에서 연기 구멍을 통해 아궁이로 침입하고, 화살로 질병을 야기하며, 사람의 영혼을 훔친다. 이런 정령들은 동물의 모습을 하고 있거나 뾰족한 머리(때로는 다수의 머리), 외눈, 긴 이빨과 손톱을 가진 사람의 모습을 하고 있다. 지하에서의 그들의 삶은 지상에서의 사람의 삶과 정반대이다. 예를 들면, 지상이 밝으면 지하는 어둡고 왼쪽과 오른쪽이 바뀐다. 그들은 검은 개와 개 역할을 하는 곰을 기르고 있다. 고아시아족은 《서쪽》, 《아래》, 《왼쪽》, 《어둠》, 《달》을 사악하고 부정적인 것으로 인식한다. 축치족의 괴물 '레켄'(реккен)은 반지하에 살면서 사람을 사냥하지만, 질병을 일으키지는 않는다.

이텔멘족은 샤먼의 정령을 '쿠구이구두츠'(кугуйгудучь)로 부른다. 그들은 키가 작고 검은 색깔이며 산의 언덕에 산다. 코랴족과 축치족은 샤먼의 정령을 '아난'(анан), '에넨'(энэн)으로 부른다. 또한 축치족은 <별개의 정령>이라는 뜻을 지닌 '얀라 켈렡'(янра кэльет)으로 부르기도 한다. 이 정령들은 동물(늑대, 곰, 까마귀, 독수리, 비둘기, 해마, 고래 등등)이나 가정의 물건(솥, 망치, 바늘, 숟가락 등등) 모습을 하고 있다.

주물(呪物), 호부(護符)-대리자의 모양으로 만들어진 보호령(дух-охранитель)은 특별한 범주를 이룬다. 예를 들면, 이텔멘족의 '아줄리나츠'ажулинач, 하반신이 물고기 모양인 '한타이'(хантай), 아궁이 옆에 있는 '아주샤크'(ажушак) 등의 신상(神像)이 그것이다. 축치족과 코랴족은 《나무의 정령》(деревянный дух)인 '오카막'(оккамак) 또는 '오트카막'(откамак)을 보호자로 부른다. 그것들 가운데 주요한 것은 불을 얻기 위한 나무로 만든 도구-코랴족의 '그이츠그이츠'(гычгыч), 축치족의 '그이르그이르'(гыргыр)-이다. 이것은 사람과 유사한 특징을 갖고 있고, 아궁이와 사슴 무리의 보호자로 간주된다. 그리고 배, 그물, 아이들의 보호자, 나무로 만든 남자와 여자, 그들의 아이 모습을 한 일련의 가정의 보호자도 있다. 이 이외에 배와 코랴족 움막의 사다리도 보호자(《노파》)로 간주된다. 코랴족의 경우 '조상-마을의 최초 거주자' - 특별한 숭배의 대상인《할아버지》-는 가정과 마을의 보호자 역할을 한다. 고아시아족의 신관에서 수렵의 대상인 바다동물(고래, 바다표범 등등)은 불변의 모습을 갖고 있지 않지만 축제에서 숭배의 대상이 된다. 사냥은《손님》으로서 수렵 동물의 도착, 동시에 그의 일시적인 죽음이고, 이어서 바다로 동물의《파견》과 그 다음의 부활, 번창 그리고 미래의 귀환이 뒤따른다.

최초의 조상-문화영웅 그리고 신화적인 장난꾸러기-트릭스터인 '까마귀'(Ворон) - 이텔멘족의 '쿠트흐'(Кутх), 코랴족의 '쿠트히'(Кутхи) '쿠히키'(Куйки) 또 '큰 까마귀'(Большой Ворон)인 '쿠트크이냐쿠'(Куткынняку) '쿠이크이냐쿠'(Куйкынняку), 축치족의 '쿠르크일'(Куркыль) -는 고아시아족 신화의 중심적이고 적극적인 그리고 가장 고대적인 등장인물이고, 축치족의 창조신화와 코랴족과 에텔멘족의 모든 이야기의 주인공이다. '까마귀'의 의례적 역할은 사소하다. - '까마귀'는 사악한 정령을 퇴치하는 샤먼의 부적과 의례적인 놀이에 등장하고, '까마귀'와 그의 아내는 움막의 사다리에도 형상화된다. 코랴족은 새로운 아궁이에 불을 지필 때 '까마귀'에게 기원하고, 이텔멘족은 고래축제 때 '까마귀' 소리를 낸다. - 그러나 신화에서 '까마귀'의 의미는 특별하다. 고아시아족의 신관에 등장하는 다른 형상들과 달리 '까마귀'는 신화시대와 특별히 관련된다. 축치족 민간전승에서 '까마귀'는《창조의 시초를 알리는》주요한 등장인물이고, 코랴족과 이텔멘족의 신화적 시대는 직접적으로 '까마귀'와 그의 가족이 살았던 시간으로 정해진다.

축치족 창조신화에서 '까마귀'는 창조자의 위임을 받아 행동하지만, 실제적으로는 그가 창조자로서의 역할을 한다. : '까마귀'는 지형, 개, 고래, 바다표범, 사슴, 새, 최초의 사람(그에게 동물의 고기를 먹는 것과 말하는 것을 가르쳤다.), 그들의 옷, 불을 일으키는 나무 도구를 만들었다. '쿠르크일'의 주요한 공적은 빛과 천체를 획득한 것이다.(이전까지 그것들은 '위의 세계'에만 있었다.) 코랴족의 창조신화에서 '까마귀'는 창조자로서가 아니라 최초의 조상으로 묘사된다. 이 이외에 '까마귀'는 사악한 정령을 퇴치하는 코랴족의 주사(呪詞)에서 창조자 '테난톰반'(тенантомван)이라는 이름으로 등장한다. 이텔멘족 신화에서 '까마귀'는 최초의 조상 그리고 창조자로서 묘사된다. : '쿠트흐'는 누이와 함께 이전부터 있던 하늘에서 땅으로 내려왔거나 아니면 자신의 아들 '스임스켈리나'(сымскелина)로 땅을 만들었다. ; 산과 계곡은, '쿠트흐'가 캄차트카에 머문 흔적이다. '쿠트흐'의 아들 '트이질-쿠트후'(тыжил-кутху)가 동물을 만들고, 최초의 배를 건조하고, 엉겅퀴로 최초의 그물을 엮었다.

고아시아족, 특히 코랴족의 민간전승에서 '까마귀'는 강력한 샤먼이 사악한 정령으로부터 자신의 가족을 보호하고 《낯선 것》으로부터 《자신의 것》을 보호하며 사람이 아닌 것(정령)으로부터 사람을 보호하는 것처럼, 샤먼의 힘과 계책으로 사악한 정령을 물리친다. 폭풍을 진정시키고 바람을 이기며 사슴 사육자에게서 식량을 얻기 위해 어떤 속임수를 부리는 것은 샤먼의 특성이기도 하다. '까마귀'는 가끔 자신의 몸의 일부분을 신상(神像)(идол)과 샤먼의 정령으로 사용한다. 코랴족과 이텔멘족의 민간전승에서 '까마귀'는 대가족의 가장(家長)으로 묘사된다. 그의 아내 이름은 '미티'(мити)이고 - 다른 이름은 '하히'(хахи), '일크훔'(илькхум), '사비나'(савина)로 불린다 -, 큰아들의 이름은 '에멤쿠트'(эмемкут)이며 큰딸의 이름은 '티니아나브이트'(тинианавыт) - 이텔멘족의 경우 '시나네브트'(синаневт) - 이다. '까마귀'의 다른 아이들의 숫자와 이름은 지역에 따라 다양하게 나타난다. 사촌남매인 '일랴'(иля)와 '크일류'(кылю), 가끔 '시실한'(сисильхан)과 그의 누이 '시림'(сирим)은 서로 경쟁자로서 기능한다.

'까마귀'의 아이들의 혼인에 대한 코략족과 이텔멘족의 이야기는 사회조직의 최초 발생, 정확히 족외혼의 수용에 대한 신화의 성격을 갖는다. 보통 두 번의 혼인 시도가 묘사된다 - 첫 번째 혼인은 실패하고, 두 번째 혼인은 성공한다. '까마귀'의 아이들은 가정의 평안을 가져오는 자연의 힘을 대표하는 존재와 혼인하기 위해 근친혼을 거부하고 또 무익한 존재와의 혼인도 거부한다. '에멤쿠트'에게 바람직한 아내는 '여성-풀'(또는 '여성-파')이다. 그녀는 봄의 갱신을 상징한다. 혹은 '여성-흰 고래'(또는 '여성-달팽이')이다. 그녀는, 남편이 사냥할 수 있도록 자신의 바다 친척들을 몰고 온다. 혹은 '구름 여성'이거나 '날씨의 여주인'이다. '티니아나브이트'에게 바람직한 남편은 '하늘의 주인'의 아들, '구름의 사람'이다. 날씨와 가정의 평안, 바다 사냥, 그리고 어획은 그들에게 달려 있다. 이러한 행운의 혼인 후에 성공적인 사냥과 '고래 축제'[죽은 고래의 소생과 사냥을 위해 새로운 고래의 출현을 의례적으로 보장하는 의식]에 대한 진술이 이어진다. '까마귀'의 아들과 딸의 혼인에 대한 신화에는 '까마귀' 그 자체에 대한 신화적인 일화가 추가된다. '까마귀'의 아들이 야생사슴을 사냥하러 갔을 때, '까마귀'는 식량을 구하려고 노력한다. 그는 부유한 사슴사육자의 딸, 여우, '여성-연어'와 함께 아내를 배신하려 한다. 가끔 그는 자신의 성(性)을 바꾸거나 성의 구분 원칙을 위반한다. 또 그는 죽은 사람인 척하여 의례음식을 먹으면서 가족의 저장식량을 착복한다.

모든 고아시아족 신화에서처럼 '까마귀'와 그의 가족에 대한 이야기나 신화적인 이야기 또 일화에서 고아시아족 신화와 다른 오래된 신화체계를 가깝게 하는 일반적인 특징이 가장 분명하게 나타난다. 오래된 신화체계에는 사람과 동물의 결합, 온갖 종류의 변신의 용이함, 한 존재의 다른 존재로의 변신, 질적으로 동질한 부분으로 사람이나 동물의 몸의 분리 등등의 모티프가 포함된다. [E. M. Мелетинский, <Палеазиатских Народов Мифология>, С. А. Токарев ed., Мифы Народов Мира, Том 2, Москва, 1998, pp.274-278.]

A Studies on Myths of the Paleo-Asiatic in Siberia

in memory of kim, Yol Kyu

by

Kwak, Jin Seok

Contents

I . A Studies on Myths of the Nivkhs in Siberia

1. The World View and Principle of Composition of Myths in Siberian Nivkhs

The Nivkh tribe worships the nature based on the animistic world view since all resources they get from nature are the root of their existence. Therefore, they worship mountains/forests, rivers/the sea, and the sky. The world view in the Nivkhs' mythology is generally divided into a dualistic world view, a trichotomous world view, and a pluralistic world view. In this case, the dualistic world view is comprised of the principle of <exchange>, the trichotomous world view is comprised of the principle of <balance>, and the pluralistic world view is comprised of the principle of <order>.

Thinking system of the Nivkhs' mythology basically forms on the codes of <abundance> and <harmony>. The Nivkhs try to establish amicable relations with the spirits of mountains/forests and the spirits of water/sea, and they hold a ceremony to offer sacrifices to the spirits. The code of <abundance> related to success in hunting is reflected in this.

And the Nivkhs' mythology shows that the world is in a state of chaos and disorder and later this chaos and disorder turn to stability and order. The code of <harmony> regarding construction of the world is reflected in it.

2. The Roles of Animals in the Folklore Tradition of the Siberian Nivkhs

The Nivkh tribe tries to ensure the success in hunting and fishing through an amicable relationship with particular animals. Such idea entails animal worship naturally.

However, toads and snakes show some different aspects from the general animal worship of the Nivkhs. These aspects commonly appear in the religious belief reflected in the Nivkhs' myths, statues of gods, and rituals.

Toads and snakes have the characteristics as "moon animal" which has the symbolism of fecundity and life. They cause various diseases in the Nivkhs' belief.

In the bear festival, they lead the soul of the dead bear to the world of mountains/forests. The conception of toads and snakes forms the world view of the Nivkh tribe across the origin of the tribe, construction of the universe, disease and death, and bear festival.

II. A Studies on Myths of the Koryaks in Siberia

1. The Aspects and Meaning of Marriage Custom in the Raven Myth in Siberian Koryaks

This paper revealed the aspects and meaning of marriage custom in the Raven myth and discussed the status of the raven in the myths which deal with marriage between offsprings of the raven and one between them and their relatives. Changes in marriage customs of the Koryaks were also discussed.

Ravens appear in various status in the myths of the Koryak. They play the role of transformer or mediator, 'the first ancestor', cultural hero, trickster, shaman, and messenger of God.

Intermarriage motifs such as brother-sister marriages and cousin marriages have been identified in the myths of the Koryak, specifically involving marriage between offsprings of the raven and their relatives. These myths take 'intermarriage → mediation → permission/non-permission of intermarriage' as a basic structure. The Koryak myths including brother-sister marriage and cousin marriage motif show diverse variations based on this structure.

First, in the myths of the Koryak, marriage between a brother and sister is fundamentally not allowed despite any mediation process. However, cousin marriage is allowed if it goes through a certain mediation process. Although, in some myths, cousin marriage is not allowed under any circumstances, and in one myth, exchange marriage appears after cousin marriage is prohibited.

Variations of the Koryak myths which include marriage motifs reflect the changes in their marriage customs. More specifically, they show that their marriage customs have passed from endogamous to exogamous. Such change is indirectly showing that pervious social and natural chaos caused by intermarriage is becoming more orderly.

2. The Structure and Meaning of Famine Myth in siberian Koryaks

Famine myths of the Koryak people are basically comprised of three narrative parts:<lack>→<performance>→<liquidation>. The <performance> aspect is comprised of three narrative components: <departure>→<doing>→<return>, and the <doing> part is furthermore comprised of <wanting>→<knowing>→<being-able>. To be more specific, <lack> represents famine and <liquidation> represents <abundance>.

Transition from famine to abundance through <performance> constructs a basic structure of the narrative in the famine myths. In the process of <performance>, the agent of the action leaves his/her family and is reunited with them after he or she has finished <doing> certain tasks. In the <doing> process, the agent acts in various ways such as doing tricks, theft, and various other habits to obtain food after he/she has acquired <knowing> the information about the food which is <wanting>.

The Koryak tribe holds many different festivals in order to get abundant results in economic activities. The whale festival is a typical example of such festivals. Whale festivals incorporate the system of metonymic 'increase rite' praying for the rebirth or regeneration of animals. The Koryaks pray for the abundance of the animals which they hunt in these festivals.

The Koryaks observe a series of norms when they hold whale festivals or eat the dead animals. Keeping the bones of the dead animals and preparing a way back to their world are examples of the norm observation. Such observation of norms guarantees success in animal hunting in the future. These patterns are also identified in the myths of the Koryak involving whale festivals.

III. A Studies on Myths of the Chukchi in Siberia

1. The Aspects and Structure of Creation Myth in Siberian Chukchi

Creation myths of the Chukchi tribe come in various versions according to the agents, objects and materials of the creation. The agents of creation are usually <the Creator>, 'tenantomny', and 'raven', and the objects of creation are the world, human beings and animals. And the materials of creation are usually clay, dust, a variety of woods, grasses and excrement.

Basic narrative structure of the Chukchi creation myths is [beginning situation → mediation → end situation]. The beginning situation is 'chaos' including 'darkness', 'not existing', 'few', and the end situation is 'order' including 'brightness', 'existing', 'many'. In this case, it is the mediation which converts the chaos into order.

The world-view of the Chukchi is reflected in these creation myths. First, animals are anthropomorphized. Second, all things are considered animated. Third, they worship 'va'irgit', the supernatural being beneficial for nature. Fourth, spirits of the directions reside in each four directions, among which east, west, and south are favorable directions while north is a harmful direction for humans. Fifth, the universe is symmetrically comprised of 3 worlds, 'world above the sky', 'world above the earth', and 'world under the earth'. Sixth, кele is an evil spirit which steals the sun in the Chukchi creation myths.

2. The Structure and World View of 'Kele' Myth in Siberian Chukchi

This paper examined the aspects of the 'kele' myths of the Chukchi tribe and their world-view reflected in them.

All 'kele' myths are comprised of the following five descriptive statements: ①stable situation, ②perturbation by some force, ③ disequilibrium, ④action of a force directed in a converse direction, ⑤ equilibrium.

'kele' myths are divided into two types according to the narrative role of 'kele', in one type 'kele' is an assistant, and in the other type 'kele' is an antagonist.

It is possible to say 'kele' myths of the Chukchi are 'myths of good and evil' because dualistic concepts of good and evil regarding 'kele' are reflected in the myths. In addition, the Chukchi's 'kele' myths show dualism because 'kele' has psychic energy. This kind of dualism can also be identified in the Chukchi tribe's belief in spirits.

IV. A Studies on Myths of the Itelmens in Siberia

1. The Secularization of Myth and Their Background in Siberian Itelmens

'Kytx' in the mythology of Itemens plays a number of roles such as a <creator>, as a <culture hero>, and as an <ancestor of people>. He is considered a unusual and extraordinary figure. Therefore his act belongs to the realm of 'transcendence' which is empirically inexplicable, and it is related to sacredness in this realm. And his act takes place in time and space in the beginning of the world. Such time and space are divine ones.

Itelmen mythology with 'kytx' lost its sacredness and gradually became secular. In this secularized story 'kytx' is no more than an ordinary figure following its earthly desires. In this case, the act of 'kytx' and the time and space belongs to the realm of 'reality' and 'experience'. This is an example of how Itelmen mythology loses its sacredness and becomes a folktale with secularity.

Traditional culture of the Itelmens is based on animism, fetishism, shamanism, and totemism. They regarded these beliefs as sacred. However, due to the influence of Russian Orthodox Church on the lives of the Itelmens, only Christian world was perceived as sacred and their traditional culture became perceived worldly. Consequently, their mythology based on the traditional beliefs was gradually secularized.

2. The Structure and Type of Trickster Tales in Siberian Itelmens

By language, the Itelmens belong, together with the Chukchi and Koryaks, to the northeastern group of paleo-Asiatic peoples. In the past, the Itelmens were divided, according to language, into northern, southern and western. The term Itelmen means 'resident', 'living man'. In the documents and literature of the 18th century and later, the Itelmens were called Kamchadals. A Trickster in the Trickster Tales is a person or animal, however in most cases it appears as an animal such as a rat or a fox. In such cases, the trickster is related to a secular role such as gourmand or lazy person. The tricksters plays tricks for various reasons which include: 'acquiring food', 'causing mischief', 'getting support', 'offering help', 'escaping danger', and 'punishment'. Judging by the purposes of the tricks, it is possible to say that the trickster is a secular figure following its carnal desires. Tricks in the Trickster Tales serve two narrative functions. One is the function which causes narrative tension and conflict and the other is the function which relieves them. If an agent which transforms a situation into a different situation is the mediation in the narratives, then the existence, success and failure, and the result of the mediation is linked to a cultural index. Narratives with no mediation or failed mediation are typically seen in a primitive society. On the other hand, narratives in which the mediation invalidates the initial result or substitutes the result for another one mainly appears in an advanced society. Considering the mediation relating to the cultural index,

Trickster Tales of the Itelmens reflect a change of their world-view and development of their society.

Ⅴ. A Studies on Myths of the Yukaghirs in Siberia

1. The Roles and Traditions of Shaman in Siberian Yukaghirs

Shaman traditions are narrative or ritual forms, which include motifs related to Shaman. Core structure of these traditions is basically determined by the role of Shaman. Especially, shaman myths of the Yukaghir tribe are divided into 4 types such as ①disease→shaman rite →cure, ②ignorance→shaman divination→foresight, ③failure→shaman mediation→success, ④ death→shaman protection→life, and each type is comprised of 3 narrative segments. Shamans play roles of healer, foreteller, mediator, defender in each type of the myths. Procedures of the Shaman rituals related to disease treatments are divided into two types, depending on the causes of disease. First type is ①help-spirit actualization and contact → soul journey of shaman →soul recovery→disease treatment→help-spirit-deactualization, and the other type is ②help-spirit actualization and contact→expelling disease-spirit→disease treatment→help-spirit- deactualization. The Yukaghir's world-view on the constituents of the universe, spirit and disease is reflected in their shaman traditions. First, their cosmovision was formed on the shamanistic concept because they think the world is comprised of upper, middle, and lower world. This idea is reflected in their shaman traditions. Secondly, human beings have 3 souls according to their view on soul. The complexity of souls is an essential idea of Siberian shamanism. Thirdly, diseases are caused when the soul gets out of body temporarily or disease-spirit invades human body according to their view on disease. So diseases are cured when recovering the soul or expelling the disease-spirit. These ideas represent typical shamanism models

2. The Aspects of Marriage Motifs of Folklore and Customs in Siberian Yukaghir

After examining the overall characteristics of the Yukaghir folklore, we examined the aspects of the marriage motifs in their folklore. Based on this, we examined the customs of the Yukaghir reflected in the marriage motifs of the Yukaghir folklore.

1. The Yukaghir folklore reflects a worldview based on totemism, animism and shamanism.

2. According to the aspect of the marriage subject, the marriage motifs of the Yukaghir folklore are divided into: ① the human and human marriage motifs ② the human and animal marriage motifs ③ the human and animal marriage motifs and the human and human marriage motifs.

3. The Yukaghir folklore's marriage motif reflects their notions of endogamy and exogamy, monogamy and polygamy, and capture marriage.

색인